Wolfgang Hoffmann

MARTIN LUTHER

Ein Führer zu bedeutenden Wirkungsstätten des Reformators in Deutschland

Auf einen Blick

Biographie

Martin Luthers Kindheit

Am 10. November 1483, kurz nach der Ankunft des Bergmanns Hans Luder und seiner Frau Margarethe in Eisleben, kam ihr zweiter Sohn zur Welt. Am nächsten Tag ließ das junge Paar den Kleinen in der Petri-Pauli-Kirche auf den Namen des Tagesheiligen Martin taufen. Hans Luder war der älteste Sohn eines seit Generationen im thüringischen *Möhra* ansässigen begüterten Bauerngeschlechts. Nach alter Sitte erbte der jüngste Sohn eines Erbzinsbauern den Hof. Hans Luder suchte deshalb in der Fremde sein Glück. Schon in Möhra verdiente er sein Geld als

St. Peter und Paul in Eisleben

Unternehmer im Kupferbergbau, zog dann aber mit seiner jungen Familie im Herbst 1483 nach Eisleben, dem Hauptort des Mansfelder Kupferbergbaus. Doch er kam nicht so recht voran, zu viele strömten damals in die Stadt. Nach einem halben Jahr, wohl im Mai 1484, siedelte die Familie Luder nach *Mansfeld* über.

Der fleißige, sparsame und zielstrebige Hans arbeitete sich rasch empor. Von den Mansfelder Grafen, denen alle "Erbfeuer" im Mansfelder Gebiet gehörten, pachtete Luder ein Hüttenwerk. Er vergrößerte es, pachtete weitere Unternehmen und schuf so einen ansehnlichen Betrieb. Spätestens 1491 gehörte Hans Luder zur bürgerlichen Schicht der Hüttenmeister und damit zum Führungskreis der Stadt. Geschenkt wurde ihm nichts. Wirtschaftliche Schwierigkeiten im Hüttenwesen in den 1520er Jahren zwangen Hans Luder dazu, Schulden zu machen, die er Zeit seines Lebens abzahlte. Zuletzt arbeitete er sogar als Angestellter auf seiner eigenen Hütte.

Der soziale Aufstieg seines Vaters ersparte Martin das harte Leben vieler seiner Altersgenossen, die unzählige Stunden unter Tage arbeiten mussten. Dennoch war seine Kindheit von Sparsamkeit und Entbehrungen geprägt. Auch waren die Erziehungsmethoden der Eltern wenig zärtlich. Disziplin und unbedingter Gehorsam standen an erster Stelle. Kleinste Vergehen wurden mit Prügel und Strafen geahndet.

Das gräfliche Schloss Mansfeld

In seinen überlieferten Tischreden kritisiert Luther nicht die Tatsache, dass er bis aufs Blut geschlagen wurde, sondern nur, dass seine Eltern nicht das rechte Maß fanden. "Meine Eltern haben mich gar hart gehalten, dass ich auch darüber gar schüchtern wurde. Die Mutter stäupte mich einmal um einer geringen Nuss willen, dass das Blut hernach floss, und ihr Ernst und gestrenges Leben, das sie mit mir führten, das verursachte mich, dass ich hernach in ein Kloster lief und ein Mönch wurde; aber sie meinten's herzlich gut. Man muss also strafen, dass der Apfel bei der Rute sei." Diese Kindheitserlebnisse prägten ihn tief, sodass er zeitlebens ein emsiger und disziplinierter Arbeiter war.

Luthers Schul- und Studienzeit

Schon früh schickte der Vater den kleinen Martin in die Mansfelder Stadtschule; gerade viereinhalb Jahre war er damals im März 1488.

Sicher hatte sein Vater dabei auch im Sinn, den Standeswechsel seiner Familie zu festigen. Fast neun Jahre besuchte Martin die Schule, und das täglich, ohne freie Tage. Unterrichtet wurden die Kinder in Lesen, Schreiben, Latein und Singen.

Der Rohrstock war auch hier das wichtigste "pädagogische" Hilfsmittel. In seinen Erinnerungen bezeichnete Luther seine Lehrer als grausame Henker und die Schule als Hölle. Pauken und Prügeln, Prügeln und Pauken, so sah der tägliche Unterricht aus. Nicht das Denken, sondern das Auswendiglernen lehrte man damals. Unterrichtet wurde nach lateinischen Büchern. Deutsch zu sprechen war verboten. Latein, die offizielle Gelehrten-, Amts- und Kirchensprache, war damals für einen höheren Beruf unabdingbar. Martin Luther lernte diese Sprache so profund, dass er sich darin ebenso gewandt ausdrücken konnte wie in seiner Muttersprache.

Als 1497 ein befreundeter Hütten-meister seinen Sohn zur weiteren Ausbildung nach *Magdeburg* sand-te, schickte Hans Luder seinen be-gabten Martin mit in die Großstadt. In Magdeburg soll er die Schule der "Brüder vom gemeinsamen Leben" besucht haben. Viel ist über diese Zeit nicht bekannt. Die im Volks-mund auch als "Nullbrüder" bezeich-nete Kongregation predigte die Her-zensfrömmigkeit und bekannte sich zum einfachen Christentum.

Welchen Einfluss die "Nullbrüder" auf die Frömmigkeit des Vierzehn-jährigen hatten, kann nicht mehr festgestellt werden. Auch nicht, wa-rum ihn sein Vater Ostern 1498 aus Magdeburg zurückholte, um ihn dann nach *Eisenach* zur Lateinschu-le zu schicken. Hier lebte ein Groß-teil der Verwandtschaft von Martins Mutter, die ihn zwar freundlich emp-fing, ihm aber kein Freiquartier bie-ten konnte, wie der Vater vielleicht gehofft hatte. Und so musste Mar-tin zunächst in das Spital der Städ-tischen St. Georgskirche einziehen.

Wie damals üblich, verdiente er sich sein täglich Brot mit Kurren-desingen. Später wurde er von den Familien Schalbe und Cotta aufge-nommen. Wie die Legende berich-tet, seines schönen Gesanges we-gen. Die beiden Familien zählten zu den reichsten und gebildetsten der Stadt. Mit den Cottas, bei denen er zwei kleine Zimmer bewohnte, lernte Luther Menschen kennen, in deren Leben die Frömmigkeit eine besondere Rolle spielte. Ganz an-ders als er es von zu Hause kannte. Die Jahre in Eisenach zählten in Lu-

Portal am Collegium maius in Erfurt

thers Erinnerungen zu den glück-lichsten. Mit vielleicht etwas verklär-tem Blick nannte er Eisenach "meine gute Stadt", "mein liebes Eisenach". Über keinen anderen Ort hatte er sich so lobend geäußert. Auch der Unterricht war mehr nach seinem Geschmack. Hier war Denken er-laubt. Schon bald war er der Beste in seiner Klasse. Seine Kenntnisse der lateinischen Sprache erweiterte er in kurzer Zeit so sehr, dass er selbst lateinische Verse verfasste.

Martins außerordentliche Bega-bung bewog den Vater dann wohl auch, seinen Sohn zum Jurastudi-um auf die *Erfurter Universität* zu schicken. Erfurt war die sechstgröß-te Stadt in Deutschland und besaß in seinen Mauern eine der ältesten Universitäten mit dem damals besten Ruf. Hier wurden die modernsten Ideen des frühen Humanismus gelehrt. Die einzige Bedingung für ein Studium waren gute Lateinkenntnisse, weil die gesamte Ausbildung in dieser Sprache erfolgte. Ende April 1501 schrieb sich "Martinus Ludher ex Mansfeldt" in das Mitgliederverzeichnis der Universität Erfurt ein. Zunächst absolvierte Martin, wie jeder Studienanfänger, ein Grundstudium in den "Sieben Freien Künsten": Grammatik, Rhetorik, Mathematik/Logik, Arithmetik, Geometrie, Musik und Astronomie. Diese Allgemeinbildung war unabdingbare Voraussetzung zur Aufnahme eines Fachstudiums der drei oberen Fakultäten Theologie, Rechtsgelehrsamkeit und Medizin.

Martin war ein fleißiger Student, der gleich einem Schwamm alles ihm gebotene Wissen aufsog. Bei seinen Studienkameraden galt er als "gelehrter Philosoph", weil er scharf und treffend argumentierte, souverän Begriffe, Logik und Dialektik beherrschte. Luther scheint bei seinen Professoren als Musterstudent gegolten zu haben, denn er besaß einige Freiheiten. Er durfte die nicht im Unterricht behandelten antiken Dichter Horaz, Vergil, Plautus, Ovid und Juvenal lesen sowie Vorlesungen des Humanisten Hieronymus Emser besuchen. So wurde er mit humanistischem Gedankengut bekannt. Und noch eine wichtige Entdeckung machte er während seines Studiums: In der Universitätsbibliothek sah er die erste Bibel seines Lebens. Obwohl der Buchdruck schon lange erfunden war, kannten selbst Priester nur Auszüge der Heiligen Schrift. Schon im Herbst 1502 erwarb Martin Luther den ersten akademischen Grad, den Bakkalaureus artium und Anfang 1505 den Magister artium. Bei dieser Prüfung belegte er von siebzehn Prüflingen den zweiten Platz.

Ein Leben als Mönch

Nach des Vaters Willen, der seinen Sohn jetzt respektvoll mit "Ihr" anredete, sollte Martin das Studium der Rechtswissenschaften aufnehmen und sich damit auf eine einflussreiche Tätigkeit vorbereiten. Im Mai 1505 begann er mit dem Jura-Studium.

Einen Monat später nahm er Urlaub und besuchte seine Eltern. Auf dem Rückweg nach Erfurt trat das Ereignis ein, das Martins Leben grundlegend ändern sollte. Nur noch wenige Kilometer von Erfurt entfernt, geriet der Wanderer beim Dorf *Stotternheim* in ein schweres Sommergewitter. In kürzester Zeit schoben sich dunkle Wolken bedrohlich zusammen, Wassermassen stürzten zur Erde, Blitze durchzuckten das Firmament. Nirgends ein Unterschlupf. Plötzlich schlug mit lautem Getöse und ungeheurer Wucht ein Blitz neben Martin ein und riss ihn zu Boden. In seiner Todesangst flehte er um Errettung. "Hilf, heilige Anna, ich will ein Mönch werden!", soll er gerufen haben.

Das Erlebnis von Stotternheim war nur der Tropfen, der das Fass zum Überlaufen brachte. Schon lange muss der Jüngling schwere innere Kämpfe mit sich ausgefochten ha-

Dom St. Marien und St. Severi in Erfurt

ben, ein falsches Leben zu führen: Statt sich um das Ewige zu sorgen, strebte er nach vergänglichen Ehren. Was hatte er vorzuweisen, wenn er dereinst vor seinem Weltenrichter stünde? Das Magisterdiplom reichte da nicht. Sich vor einer höheren Instanz verantworten zu müssen und möglicherweise verdammt zu werden, war durch seine Erziehung in ihm stark ausgeprägt. Die gesamte Gesellschaft befand sich damals in einem tiefgreifenden Umbruchsprozess, und so manche überkommene Vorstellung geriet ins Wanken. Nicht nur Luther war in jenen Jahren auf der Suche nach Antworten; auf der Suche danach, was gut und was richtig ist. Dass er diesen Weg wählte, mag manchem vielleicht heute absonderlich erscheinen.

Am Morgen des 17. Juli war seine Entscheidung endgültig. Obwohl ihm Freunde abrieten, sich "lebendig begraben" zu lassen, klopfte er an die Pforte des *"Schwarzen Klosters"* in der Erfurter Comthurgasse und bat um Einlass. Die Augustiner-Eremiten zählten in einer Zeit des allgemeinen Sittenverfalls der römischen Kirche zu den Mönchsgemeinschaften mit den strengsten Ordensregeln. Außerdem galten sie als hervorragende Theologen. Wichtige Gründe für Martin Luther, gerade in diesem Orden sein Seelenheil zu finden.

Hans Luder zeigte für die Entscheidung seines Sohnes kein Verständnis. Seine erste Reaktion: Er wollte mit seinem Sohn nichts mehr zu tun haben. Nach Wochen billigte er schließlich doch noch den Schritt Martins, der ohnehin nicht mehr rückgängig zu machen war. Verziehen hat er ihm aber erst viele Jahre später. Nach einer Probezeit und einem einjährigen Noviziat empfing Martin Luther am 3. April 1507 im Erfurter Dom die Priesterweihe. Bald darauf begann er das Studium der Theologie.

Im Oktober 1508 schickte ihn sein Orden nach Wittenberg, um an der seit 1502 bestehenden Universität "Leucorea" den Lehrstuhl für Moralphilosophie zu übernehmen. Gleichzeitig setzte er sein Studium fort und promovierte am 9. März 1509 zum Bakkalaureus biblicus, im Herbst erwarb er den zweiten theologischen Grad eines Sententiars. Damit durfte er den Studenten das wichtigste kirchliche Lehrbuch, die "Sentenzen" des Petrus Lombardus, erklären.

Dann befahl ihn der Orden nach Erfurt zurück. Die Hüter der Weisheit an der Erfurter Universität erkannten jedoch seine in Wittenberg erworbenen akademischen Grade nicht an. Nur mithilfe seiner Ordensleitung durfte Luther seine Antrittsvorlesung und bis Oktober 1510 die Hauptvorlesung des Theologiestudiums halten. In diesem Monat legte er die dritte Prüfung seines Studiums ab und war damit Magister der Theologie.

Im November sandte ihn der Orden nach Rom. Gemeinsam mit einem Ordensbruder sollte er eine Protestnote überbringen, um die Klosterreformen der Augustiner-Eremiten zu verhindern. Zu Fuß gingen die beiden Mönche auf die lange und anstrengende Reise. "Da ichs zuerst sah, fiel ich auf die Erde, hob meine Hände auf und sprach: Sei gegrüßt, du heiliges Rom! ...", berichtete Luther später in seinen Tischreden.

In Rom ließ man die beiden Patres bis Februar 1511 auf eine Antwort warten. Luther nutzte die Zeit, sich in der Papststadt umzusehen – weniger als Tourist, denn als frommer Pilger. In vielen Kirchen und Kapellen betete er mit Inbrunst, besuchte Märtyrer- und Papstgräber, um viel von dem Segen dieser Stätten für sich und seine Angehörigen zu erlangen.

Noch war er der treue, gläubige Sohn seiner Kirche. Doch er bemerkte auch die Verweltlichung der römischen Kirche, das leichtfertige und frivole Auftreten des Klerus, den Luxus und das Wohlleben seiner Amtskollegen. Südländische Leichtigkeit und deutsche Schwermut trafen hier aufeinander. "Es ekelte mich, dass sie so rips raps Messe lesen konnten, als trieben sie ein Gaukelspiel". Und später erklärte er oft: "Nicht 100 000 Gulden wollte ich dafür nehmen, dass ich nicht auch Rom gesehen hätte. Ich müsste sonst immer besorgen, ich täte dem Papst Gewalt und Unrecht." Ohne eine verbindliche Antwort in ihrer Angelegenheit kehrten die beiden Mönche zurück.

Im Frühling 1511 nahm Luther seine Tätigkeit im Erfurter Ordensstudium wieder auf, doch schon im Sommer musste er den Erfurter Konvent verlassen. Im Streit um die Reformen bei den Augustinern hatte er sich auf die Seite der "Gemäßigten" gestellt, die unter der Leitung des Generalvikars Johann von Staupitz einen Kompromiss anstrebten. Dass Luther gegen die Mehrheit des Konvents gestimmt hatte, verzieh man ihm in Erfurt lange nicht. Man wollte ihn sogar aus dem Orden ausschließen.

9

Luthers Karriere zum Kirchenbeamten

Staupitz, der viel von Luther hielt, berief ihn im Sommer 1511 erneut nach **Wittenberg**, das nun zu seinem ständigen Wohnsitz werden sollte. Der Generalvikar bedrängte Luther, endlich zu promovieren. Seine Begründung war: der Herrgott brauche viele junge und arbeitsame Doctores. Doch der junge Mönch fühlte sich dieser Aufgabe nicht gewachsen. Außerdem waren die Promotionskosten in Höhe von 17 Gulden, in der Regel sogar 50 Gulden, für einen Bettelmönch unerschwinglich. Nun redete Staupitz Klartext mit Luther. Er erinnerte ihn an sein Mönchsge-

Die Thesentür in der Schlosskirche Wittenberg

lübde und seinen Gehorsam gegenüber den Konventsbeschlüssen. Der Kurfürst erklärte sich nach einigem Überreden durch Staupitz bereit, die vollen Kosten zu tragen, wofür Luther aber lebenslänglich die Professur übernehmen musste, die Staupitz aufgeben wollte. Am 18. und 19. Oktober 1512 fand die feierliche Promotion in der Schlosskirche zu Wittenberg statt.

In Wittenberg machte Luther eine steile Karriere, nicht ohne Hilfe seines großen Förderers Johann von Staupitz. Luther wurde nun auch Kirchenbeamter: 1512 wählte man ihn zum Subprior des Wittenberger Konvents, 1514 erhielt er den Predigtauftrag an der Stadtkirche von Wittenberg und 1515 berief man ihn zum Distriktsvikar über die zehn Konvente der Augustiner-Eremiten in Thüringen und Meißen.

95 Thesen
wider den Ablasshandel

Seit Anfang 1517 zog einer der erfolgreichsten Ablasshändler, der Dominikanermönch *Johann Tetzel*, durch Kur-Brandenburg und das Stift Magdeburg. Sein Auftraggeber war Albrecht von Brandenburg, Erzbischof von Magdeburg, Bischof von Halberstadt.

Die Gewährung von Ablass war eine seit Jahrhunderten gängige Praxis der römischen Kirche. Die Gelder flossen in die Kassen des Papstes, der damit prunkvolle Kirchenbauten, Brücken und Kriegszüge, aber auch seine aufwendige "Hofhaltung" finanzierte. Wer freudig sein schwer verdientes Geld opferte, dem waren seine Sünden erlassen, und er musste nach seinem Tode auch nicht im Fegefeuer schmoren. Man konnte sogar die Qualen verstorbener Angehöriger mit einer stattlichen Summe beenden. Der vielzitierte Vers "Wenn das Geld im Kasten klingt, die Seele aus dem Fegefeuer in den Himmel springt" ist zwar nicht für Tetzel verbürgt, kennzeichnet aber die Praxis der Ablasshändler.

Drei Jahre war der Dominikanermönch Tetzel schon unterwegs und verkaufte einen Generalablass, mit dem der Bau der Peterskirche in Rom finanziert wurde. Allerdings floss bei diesem Ablass die Hälfte der Einnahmen gleich in die Kassen des Bankhauses Fugger in Augsburg. Albrecht von Brandenburg hatte sich 1514 zum Erzbischof von Mainz wählen lassen, der gleichzeitig einer der sieben Kurfürsten und Erzkanzler des Reichs war. Damit erlangte der erst vierundzwanzigjährige Hohenzoller eine überragende Stellung im Reich.

Eine derartige Ämterhäufung war an sich verboten, doch die Kurie ließ mit sich handeln. Die Wahl zum Mainzer Erzbischof berechnete man mit 14 000 Gulden und die Ausnahmebewilligung für die Ämterhäufung mit 10 000 Gulden; zahlbar sofort. Für diese enorme Summe musste der Brandenburger einen Kredit aufnehmen. Die Fugger gewährten ihm diesen, selbstverständlich gegen gute Zinsen. Man vereinbarte, dass die Tilgung der Schulden durch den Verkauf des "Peterspfennigs" erfolgen sollte.

Luther bekam mit diesen Ablassgeschäften als Wittenberger Seelsorger zu tun, da viele Gemeinde-mitglieder über die nahe Grenze ins magdeburgische Gebiet gingen, um preiswert Ablassgnaden zu erwerben. Außerdem hatte Friedrich der Weise Kursachsen zur verbotenen Zone für den umtriebigen Tetzel erklärt, wohl auch aus Sorge um die Wirkung seiner eigenen großen Heilstumsammlung. Wie toll rannten die Leute nach Jüterbog, wo Tetzel sein Hauptquartier aufgeschlagen hatte. Immer öfter hielten sie ihrem Beichtvater Luther Zettel unter die Nase, die beweisen sollten, dass sie jetzt frei von Sünden seien.

12

Luther misstraute dem Geschäft und diesem Bild von Gott. Lange schon beschäftigte er sich mit der Frage, ob dies der richtige Weg zum ewigen Heil sei. Beim Lesen der Römerbriefe des Apostels Paulus blieb er an dem Satz hängen: "Der Gerechte wird aus dem Glauben heraus leben." Gott erschien ihm nun nicht mehr als Richter, der dem Angeklagten eine Strafe zumisst, sondern als einer, der dem Menschen Gerechtigkeit schenkt. Bedingung für die Vergebung der Sünden sei einzig und allein der unerschütterliche Glaube an Gott. Und so formulierte der Professor und Doktor der Theologie jene 95 Thesen, die die katholische Kirche mitten ins Mark trafen.

Zu diesem Zeitpunkt hoffte Luther noch immer auf eine Einsicht der Kirchenoberen, auf eine Reformation "von oben", vom Papst aus. Er wollte keinen Umsturz der Verhältnisse, sondern eine innerkirchliche, akademische Disputation über die anstehenden Probleme anregen.

Ende Oktober 1517 schickte Luther die in Latein verfassten Thesen gegen den Ablasshandel mit einem Begleitschreiben, die Ablassinstruktion doch bitte zu korrigieren, an den Erzbischof von Mainz und den Bischof von Brandenburg. Die erhoffte Disputation mit seinen Wittenberger Kollegen kam allerdings nicht zustande. Stattdessen gingen die Thesen in vielen Nachdrucken – auch in deutscher Übersetzung – wie ein Lauffeuer durch Deutschland und waren bald sogar Gesprächsstoff des gemeinen Mannes.

Die Bannandrohung

Luthers Name wurde weitbekannt. Eigentlich hatte er die Thesen nicht für Laien geschrieben, aber an der Wirklichkeit kam er nicht vorbei. Es gab kein Zurück mehr. Im Frühjahr 1518 entschloss sich Martin Luther, den Kern seiner Thesen im "Sermon vom Ablass und von der Gnade" in Deutsch zusammenzufassen.

Inzwischen hatte der Erzbischof von Mainz diese Angelegenheit auf dem Dienstweg nach Rom weitergeleitet. Rom verlangte prompt, den Ketzer Luther auszuliefern. Diese Aufforderung wurde jedoch nicht befolgt. Friedrich der Weise erwirkte beim Heiligen Stuhl, dass sein Professor in einer Freien Stadt des Reiches gehört, nicht verhört werde. Daraufhin sollte er vor dem päpstlichen Legaten, dem mächtigen und gebildeten Kardinal Cajetan erscheinen. Am Rande des *Augsburger Reichstags* 1518 kam es vom 12. bis 14. Oktober zum "väterlichen" Verhör durch den Kardinal. Luther weigerte sich,

seine "neue Lehre" zu widerrufen, da sie ihm nicht als der Heiligen Schrift widersprechend bewiesen wurde. Cajetan entgegnete ihm, dass er den Bann über ihn und seine Freunde aussprechen müsse. Daraufhin floh Luther mithilfe seiner Augsburger Freunde aus der Stadt. Rom verlangte jetzt vom sächsischen Kurfürsten die endgültige Auslieferung des Ketzers. Luther hatte bereits seine Sachen gepackt, um Wittenberg zu verlassen und nach Böhmen zu emigrieren, da entschied sich Kurfürst Friedrich III. von Sachsen im Dezember 1518, die Auslieferung Luthers abzulehnen.

Als am 12. Januar 1519 Kaiser Maximilian I. starb, ohne seine Nachfolge gesichert zu haben, wurde dieses Problem für die Kurie wichtiger als die Angelegenheit mit dem Wittenberger Mönch. Es galt unbedingt zu verhindern, dass der spanische König Karl V. aus dem Hause Habsburg deutscher Kaiser wurde. Am 28. Juni 1519 wählten die deutschen Fürsten schließlich doch den Habsburger zum Kaiser. Vorher waren allerdings riesige Summen Geld geflossen, belegt sind 850 000 Gulden. Man hatte sich die Stimmen mit Unterstützung des Hauses Fugger, das über die Hälfte der Wahlkosten bereitstellte, einfach gekauft.

Unterdessen schlugen in gelehrten Kreisen die Wellen hoch; ein Krieg der Argumente begann. Ihren Höhepunkt erreichte die Auseinandersetzung in der **_Leipziger Disputation_** zwischen Luther und dem Ingolstädter Professor Johannes Eck. Vom 27. Juni bis 16. Juli 1519 trafen sich die Kontrahenten, begleitet von zahlreichen Anhängern, in der Leipziger Pleißenburg. Eck brachte Luther in der Disputation dazu, die

Entscheidungen von Konzilien und damit die Autorität des Papstes anzuzweifeln. Sogar einige Artikel des Ketzers Jan Hus bezeichnete Luther als christlich. Damit galt er für Eck als ein "böhmischer Ketzer", als ein Hussit.

Am 15. Juni 1520 erließ Papst Leo X. die Bulle "Exurge Domine" (Herr erhebe Dich), die Luther den Bann androhte. Der endgültige **Bruch mit der römischen Kirche** war vollzogen. Ein Kampf auf Leben und Tod begann. Im August, Oktober und November veröffentlichte Luther seine drei reformatorischen Hauptschriften "An den christlichen Adel deutscher Nation: Von des christlichen Standes Besserung", "Von der babylonischen Gefangenschaft der Kirche" und "Von der Freiheit eines Christenmenschen", die noch die publizistischen Erfolge seiner Schriften zum Ablass übertrafen. Von der bis heute meistgelesenen Schrift des Reformators "Von der Freiheit eines Christenmenschen" wurden in fünfzehn Jahren sechsunddreißig Ausgaben in mehreren Sprachen verbreitet. Darin, so hieß es, griff er dem Papst an die Krone und den Mönchen an die Bäuche.

Am 10. Dezember 1520 trug sich in Wittenberg ein unerhörtes Ereignis zu: Luther verbrannte öffentlich vor dem Elstertor das katholische Kirchenrecht, Schriften seiner Gegner und die Bannandrohungsbulle des Papstes. Am darauffolgenden Tag gab Luther seinen Studenten eine Erklärung für sein Tun. Er sprach mit seinen Hörern nicht im vorgeschriebenen Latein, sondern in Deutsch. Es

sei kein Studentenspaß, es ginge um Martyrium oder Hölle, sprach er. Die Hölle hätte zu erwarten, wer beim Antichrist, dem Papst, verbliebe. Der päpstliche Stuhl müsse verbrannt werden, rief er.

Die Wittenberger Universität war über Nacht zum Zentrum der Reformation geworden und der Mönchsgelehrte zum Helden der Nation im Kampf gegen die Kurie. Es war so, als ob ganz Deutschland nur auf einen gewartet hätte, der Rom endlich den Fehdehandschuh hinwarf. Weitere Mitstreiter stellten sich an die Seite des aufsässigen Augustinermönchs, so Justus Jonas, Johann Bugenhagen und Nikolaus von Amsdorf.

Ein einsames Leben als Junker Jörg

Rom reagierte umgehend: Am 3. Januar 1521 sprach der Papst den Bann gegen Luther und damit die Exkommunikation aus. Im Hintergrund hatte Johannes Eck bereits dazu die Fäden gesponnen, hatte er doch nach der Leipziger Disputation eilig ein umfangreiches Gutachten nach Rom geschickt und empfohlen, wie gegen Luther weiter vorzugehen sei.

Zur Überprüfung seiner Gesinnung lud ihn Kaiser Karl V. am 6. März vor den **Reichstag nach Worms** vor. Friedrich der Weise hatte dies beim Kaiser durchgesetzt, weil er der Ansicht war, dass die Ankläger nicht zugleich Richter sein konnten. Er verlangte, die Sache Luther vor einem neutralen Gericht in Deutschland zu verhandeln. Der Kaiser stimmte widerstrebend zu, hatte er doch in der

Wahlkapitulation unterschrieben, deutsche Angelegenheiten nur auf deutschem Boden zu regeln. Dem aus der christlichen Gemeinschaft Ausgestoßenen wurde für die Dauer von einundzwanzig Tagen freies Geleit zugesichert.

Luther brach Anfang April 1521 von Wittenberg auf und erreichte Worms am 16. April 1521. Seine Reise gestaltete sich zu einem Triumphzug. Überall feierte man ihn wie einen Helden. Vor dem Kaiser antwortete Luther am 18. April auf die Frage, ob er nun endlich widerrufen wolle oder nicht: "Daher kann und will ich nichts widerrufen, weil wider das Gewissen etwas zu tun weder sicher noch heilsam ist. Gott helfe mir. Amen!" Unter großem Tumult geleiteten ihn Sympathisanten rasch aus dem Saal. In seinem Quartier rief Luther: "Ich bin hindurch, ich bin hindurch!" Doch der Kampf begann jetzt erst richtig. In Windeseile ging die Nachricht durchs Reich, der gebannte Ketzer habe sich nicht gebeugt.

Am 26. April verließ Luther Worms. Auf der Reise wurde er am 4. Mai im Thüringer Wald "überfallen" und auf die Wartburg gebracht. Zunächst glaubten viele, er sei erschlagen worden. Das war von Friedrich dem Weisen, Auftraggeber dieser Aktion, so auch beabsichtigt. Schließlich hatte die von Kaiser Karl V. am 26. Mai über den unbeugsamen Mönch verhängte Reichsacht Luther für

15

In dieser Stube auf der Wartburg übersetzte Luther das Neue Testament

rechtlos und vogelfrei erklärt. Die meisten Teilnehmer des Reichstags waren zu diesem Zeitpunkt aber bereits abgereist. Um in der Öffentlichkeit dennoch den Eindruck zu erwecken, es sei ein Mehrheitsbeschluss der Reichsstände gewesen, datierte man das Wormser Edikt einfach auf den 8. Mai zurück.

Derweil war aus dem Mönch Luther Junker Jörg geworden. Dem behagte seine neue Lebensweise gar nicht. Mit dem Müßiggang der Rittersleute konnte sich der fleißige Arbeiter Luther nicht abfinden. Er wusste jedoch die Monate seiner "Gefangenschaft" zu nutzen. Hinter den verschwiegenen Mauern der **Wartburg** übersetzte Luther das Neue Testament nach der griechischen Fassung des Erasmus von Rotterdam. Luther ist zwar nicht der alleinige Schöpfer der einheitlichen deutschen Schriftsprache, wie es oft dargestellt wird, doch seine Verdeutschung der Heiligen Schrift kann als der entscheidende Beitrag dafür angesehen werden.

Aufruhr und Bauernaufstände

Als Luther im März 1522 nach Wittenberg zurückkehrte, war die Rohfassung der Übersetzung fertig. Gemeinsam mit Melanchthon ging es nun ans Korrigieren. Im September erschien die erste Auflage der deutschen Übersetzung des Neuen Testaments, das sogenannte "Septembertestament". Überall im Reich rumorte es. Priesterheiraten, Klosteraustritte und Bürgerunruhen in den Städten folgten. Vor allem die Bauern wollten sich nicht länger mit ihrer Unterdrü-

ckung abfinden; Luthers Ideen lieferten ihnen Argumente. Im Juni 1524 gab es im Schwarzwald die ersten **Bauernaufstände**. Im Oktober 1524 legte Luther die Mönchskutte ab und heiratete am 13. Juni 1525 die entflohene Nonne Katharina von Bora. Sechs Kinder kamen in den ersten neun Jahren ihrer Ehe zur Welt.

Am 5. Mai starb Luthers Beschützer und Landesherr Kurfürst Friedrich der Weise. Dessen Bruder und Mitregent, Johann der Beständige, hielt als neuer Kurfürst weiterhin seine Hand schützend über den Reformator und gründet mit dessen Unterstützung die evangelische Landeskirche Kursachsens.

Bereits am 8. April 1525 verzeichnete die Reformation den ersten wichtigen Erfolg: Albrecht von Brandenburg, der Hochmeister des Deutschen Ordens in Preußen, bekannte sich zum lutherischen Glauben. Am 15. Mai schlug das vereinte Heer der Fürsten, wohl auch ermuntert durch Luthers Schrift "Wider die räuberischen und mörderischen Rotten der Bauern", bei Frankenhausen 6000 Bauern nieder. Deren geistiges Haupt, **Thomas Müntzer**, wurde in **Mühlhausen** gefangen genommen, gefoltert und am 27. Mai hingerichtet.

Die Reformation in Deutschland

In **Speyer** fand im Sommer 1526 der erste Reichstag statt, auf dem die reformierte Partei einen Erfolg erzielte. Zuvor hatten sich die evangelischen Fürsten – als Reaktion auf den süddeutschen katholischen und den Dessauer Bund – im Torgauer

Hochzeitsbilder von Martin Luther und Katharina von Bora (Lutherhalle Wittenberg)

Bündnis vereint. Das militärische Bündnis war ein deutliches Zeichen an die katholischen Fürsten. Und so schloss man einen Kompromiss in der Form, dass die Durchführung des Wormser Edikts jedem Reichsstand bis auf Weiteres nach Belieben freigestellt war, "wie ein jeder solches gegen Gott und Kayserliche Majestät hoffet und vertraut zu verantworten".

Drei Jahre später, auf dem zweiten Reichstag zu Speyer, wurden jedoch die liberalen Beschlüsse aus dem Jahre 1526 durch die erdrückende Mehrheit der Altgläubigen aufgehoben. Daraufhin verfassten die evangelischen Fürsten und vierzehn weitere Städte eine Protestation: Der Reichstagsbeschluss von 1526 könne nur einstimmig aufgehoben werden und im Übrigen sei es so, dass "in Sachen Gottes Ehre und der Seelen Seligkeit belangend, ein jeglicher für sich selbst vor Gott stehen und Re-

chenschaft geben muss". Natürlich blieb die katholische Mehrheit bei ihrem Beschluss.

Seit dieser Erklärung bürgerte sich die Bezeichnung Protestanten für die Evangelischen ein. Aber die Evangelischen waren sich nicht so einig, wie es schien. Im Oktober fanden auf Betreiben des Landgrafen Philipp von Hessen die **Marburger Religionsgespräche** zwischen Luther und Zwingli statt. Es sollte eine Einigung in theologischen Fragen mit den oberdeutsch-schweizerischen Reformatoren erreicht werden. Das gelang auch in 14 Artikeln, doch am Artikel 15 zur Abendmahlsfrage schieden sich die Geister. Die Spaltung des Protestantismus wurde nicht überwunden.

Von Juni bis November 1530 fand der Reichstag in Augsburg statt. Luther konnte sich als Gebannter nur mittelbar an den Auseinandersetzungen beteiligen. Er verfolgte den Reichstag von der kursächsischen **Veste Coburg** aus und griff mit Mahnungen und Ratschlägen verschiedenster Art ein. **Philipp Melanchthon** formulierte sowohl in deutscher als auch in lateinischer Sprache das sogenannte **Augsburger Bekenntnis** (Confessio Augustana), die Grundlehre der evangelischen Kirche. Es wurde Kaiser Karl V. in Deutsch vorgetragen. Die katholische Seite antwortete mit einer von der Mehrheit des Reichs-

tags gebilligten Widerlegung. Der Kaiser verlangte daraufhin von den Protestanten, sich endlich zu fügen. Fünf Fürsten und vierzehn Städte, darunter – zum Entsetzen des Kaisers – Augsburg, die Stadt seiner Hauptgeldgeber, blieben bei ihrem Protest. Die religiöse Spaltung Deutschlands war damit besiegelt.

Am 23. Februar 1531 schlossen sich mehrere protestantische Reichsstände unter Führung von Hessen und Kursachsen zu einem Verteidigungsbündnis, dem **Schmalkaldischen Bund**, zusammen. Sächsische Juristen zerstreuten die Bedenken Luthers und Me-

Museum Luthers Sterbehaus in Eisleben. Den Raum beherrscht der Schrein mit dem Bahrtuch, das Luthers Sarg 1546 bedeckte.

lanchthons gegen aufrührerische Bündnisse. Die Fürsten machten die Reformation im Kampf um die Macht jetzt zu ihrer Sache.

In den Jahren von 1530 bis 1534 beendete Luther seine Übersetzungsarbeit des Alten Testaments ins Deutsche. So erschien 1534 die erste Gesamtausgabe der Bibel in Luthers Übersetzung. Die bis dahin von der katholischen Kirche den Laien vorenthaltene Heilige Schrift wurde zum Gemeingut des einfachen Mannes. Auch Analphabeten interessierten sich nun für die Schrift, bekräftigten doch viele Illustrationen aus der Werkstatt Lucas Cranachs den Text in seiner Aussage.

1535 lud Luther Prediger und Magistrate oberdeutscher Städte ein, um die Einheit der protestantischen Bewegung herzustellen. Und in der Tat, was die Marburger Religionsgespräche nicht erreicht hatten, gelang der **Wittenberger Konkordie**. Auch in der strittigen Frage der Abendmahlslehre einigte man sich auf einen Kompromiss. Für Luther waren die süddeutschen Evangelischen nun auch Brüder im Glauben.

Ein arbeitsreiches Leben endet

In jenen großen Tagen stand Luther in seinem 52. Lebensjahr; seinerzeit ein beachtliches Alter. Aber sein Körper war von den Anstrengungen des Lebens gezeichnet. Krankheiten plagten ihn und er neigte zur Fülle, wie ein Cranach-Gemälde von 1533 beweist. Häufig klagte er über "Darmweh" und während der Tagung des Schmalkaldischen Bundes 1537 quälten ihn die Nieren. Ein Nierenstein verschloss die Harnröhre, sein Körper vergiftete. Die Leibärzte der Fürsten versuchten vergeblich, ihm zu helfen. Wenn er schon sterben musste, so sollte es im Kreis seiner Familie sein. Unter großen Schmerzen begab er sich am 26. Februar per Kutsche auf den holprigen Weg nach Wittenberg. Ein Wunder geschah dank der schlechten Straßen in Thüringen. Der Stein löste sich. Am Tag darauf schrieb Luther seiner Frau: "... mich dünket, ich sei von neuem geboren." Seine Krankheiten quälten ihn jedoch bis zu seinem Lebensende und immer häufiger wünschte er sich ein "seliges, gnädiges Stündlein".

Ende 1545 war Luther derart geschwächt, dass er seinen Studenten mitteilte, keine Vorlesungen mehr zu halten. Dennoch folgte er im Januar 1546 der Bitte der Mansfelder Grafen, ihnen als Schiedsrichter in ihrem Erbschaftsstreit zu helfen. Zum letzten Mal trat er die beschwerliche Reise in seine Heimat an, begleitet von seinen drei Söhnen und seinem langjährigen, treuen Gefährten Justus Jonas aus Halle. Völlig entkräftet traf er in **Eisleben** ein. Die Verhandlungen zwischen den zerstrittenen Grafen waren äußerst langwierig. Schließlich gelang doch ein Kompromiss, den die Streitparteien am 17. Februar unterzeichneten. Seine letzte Predigt in der Andreaskirche musste der Reformator am 14. Februar 1546 abbrechen. Er war zu schwach, um weiterzureden. Am 18. Februar, zwischen zwei und drei Uhr früh, starb Martin Luther in seinem Geburtsort Eisleben.

Mansfeld-Lutherstadt

Wann Mansfeld die Stadtrechte verliehen bekam, ist unbekannt. Aber als Hans Luder sich hier 1484 niederließ, war der Ort ein aufstrebendes Gemeinwesen mit stattlichen Häusern, Rathaus, Brauhaus, Schulen, Schmelzhütten und sogar einer privaten Bibliothek. Die Stadt zählte wohl kaum mehr als tausend Einwohner und war dennoch mit einer siebentürmigen Mauer umschlossen.

Mit Fleiß und Geschick verstand es Martin Luthers Vater, Pächter von fünf Hütten zu werden, in denen er Kupferschiefer aus der Mansfelder und Eislebener Region schmolz. Bereits 1491 war Hans Luder Viertelsmeister und Mitglied im Stadtrat. Jüngste archäologische Forschungen und Archivstudien zeigen, dass Luthers Elternhaus eine stattliche Hofanlage mit einer Straßenfront von fast 25 Metern war. So arm, wie der Reformator seine Herkunft gern darstellte, können die Verhältnisse nicht gewesen sein.

Luthers Elternhaus in der heutigen Lutherstraße wurde vom Vater erst erworben, als er zu einigem Wohlstand gekommen war. Das Anwesen entsprach der gehobenen Stellung der Familie und bestand aus einem großen Wohnhaus, Wirtschaftsgebäuden, Stallungen und Vorratsräumen. Hans Luder lebte hier mit seiner Familie bis zu seinem Tode. Danach erbte Martin Luthers jüngerer Bruder Jacob das Haus und betätigte sich, wie der Vater Hans Luther, als Bergwerks- und Hüttenbesitzer. Bis 1578 blieb das Haus im Familienbesitz. Bereits im 16. Jahrhundert stark umgebaut, folgte 1805 der Abbruch der Gebäude bis auf den zweigeschossigen Nebenbau.

1878 erwarb der Mansfelder Lutherhausverein das Elternhaus des Reformators für eine Diakonissenwohnung und legte zwei Jahre später eine Sammlung mit Dokumenten und Erinnerungsstücken an. 1885 wurde das Haus aufgestockt, und die kleine Ausstellung zu Kindheit und Jugend des Reformators zog ins Dachgeschoss ein.

Luthers Elternhaus

HINAUS IN DIE WELT

Hans und Margarethe Luder
auf dem Gedenkbrunnen am Lutherplatz

1889 übergab der Verein das Haus der Evangelischen Kirchgemeinde, die es 2007 der Stadt Mansfeld übertrug. Gemeinsam mit der Stiftung Luthergedenkstätten Sachsen-Anhalt ließ die Stadt Luthers Elternhaus sanieren. Im Juni 2014 wurde das **Museum mit einem Erweiterungsneubau** vis à vis wieder eröffnet. Die Ausstellung "Ich bin ein Mansfeldisch Kind." erzählt vom familiären Alltag sowie von Luthers Schulzeit und schildert die engen Beziehungen der Luthers zu Mansfeld, zur Kirche und der Grafschaft.

Über der Rundbogenpforte an der Rückseite des Gebäudes findet sich noch die Inschrift "JL 1530". Sie weist darauf hin, dass Jacob damals das Haus geerbt hatte.

Das größte Gebäude der Stadt ist die *Georgenkirche*. Für den Chor und das Kirchenschiff geben Inschriften den Baubeginn mit dem Jahr 1493 an. Somit dürfte Luther als Kind den Umbau des romanischen Gotteshauses in eine einschiffige go-

tische Hallenkirche auf seinem Weg zur Schule miterlebt haben. Die zwei querschiffartigen Anbauten stammen aus der Zeit Ende 15./Anfang 16. Jahrhundert.

Den Innenraum schmückt eine hölzerne Empore mit Malereien aus dem 17. Jahrhundert. Die reiche Ausstattung ist ein Ergebnis der wirtschaftlichen Blüte dank des Kupferbergbaus. Erhalten haben sich unter anderem drei wertvolle Schnitzaltäre vom Anfang des 16. Jahrhunderts, einige Gemälde, eines davon aus der Cranach-Werkstatt, sowie Epitaphe und Zinnsärge der Mansfelder Grafen. Das Lutherbild von 1540 schenkte der Rat der Stadt

Luthers Elternhaus
06343 Mansfeld-Lutherstadt, Lutherstraße 26/29
Tel.: 034782-9193810 • **ÖZ:** April bis Okt. Mo-So 10-18 Uhr, Nov. bis März Di-So 10-17 Uhr
Pfarrkirche St. Georg
06343 Mansfeld-Lutherstadt, Junghuhnstraße • Tel.: 034782-90342, ***www***.mansfeld.eu

1574 der Kirche. Im Oktober 1545 hat Luther in der Georgenkirche, in der er als Kind Kurrendesänger und Ministrant war, zweimal gepredigt.

Das **Lutherdenkmal** am Lutherplatz ist eines der jüngsten Denkmäler für den Reformator. Paul Juckoff schuf es 1913 und fand eine neuartige Gestaltung. Die dreiseitige Kalksteinstele, bekrönt vom heiligen Georg, ist Denkmal und Brunnen zugleich. Die drei bronzenen Reliefs dokumentieren Szenen aus Luthers Leben. Unter dem Titel "Hinaus in die Welt" ist Luthers Abschied aus Mansfeld zu sehen, "Hinein in den Kampf" zeigt den Thesenanschlag und "Hindurch zum Sieg" stellt Luther als Prediger dar.

Nach der Stadtplanskizze von Spangenberg um 1560 befand sich die **Schule** der Stadt neben der Kirche. Das zweistöckige Gebäude, in dem Luther schreiben, lesen und Grundbegriffe des Lateins erlernte, wurde über die Jahrhunderte mehrfach umgebaut. Das verfallene Haus musste im Jahr 2000 durch einen Neubau (heute Stadtinformation) ersetzt werden. Nur die ursprüngliche **Gedenktafel** erinnert bis heute daran, dass Martin Luther an dieser Stelle seinen Schulunterricht erhielt.

Das imposante und weiträumige **Schloss Mansfeld** bestand einst aus drei Schlössern, der Schlosskirche und gewaltigen Befestigungen. Die erstmals 1229 genannte Burg wurde beim Neubau der Schlossanlage Anfang des 16. Jahrhunderts abgetragen. Die Gebäude der Schlösser Vorderort und Mittelort umschließen mit der Schlosskirche einen

> **Schloss und Schlosskirche**
> 06343 Mansfeld-Lutherstadt,
> Schloss 1 · Tel.: 034782-20201
> Besichtigung nur von außen, da sich im Schloss eine christliche Jugendbildungsstätte befindet. Während einer angemeldeten **Führung** kann man die Schlosskirche anschauen.
> **www**.schloss-mansfeld.de

fünfeckigen Hof. Der Besitzer Graf Albrecht VII. und Luther verkehrten freundschaftlich miteinander. Vom Erker des "Goldenen Saals" soll Luther zum Burgvolk gepredigt haben. Hinterort, 1511 bis 1523 errichtet, war ein vierflügliger Renaissancebau. Wahrscheinlich haben Luther und Melanchthon im Dezember 1545 auf Schloss Hinterort gewohnt. Es ist heute eine Ruine.

Am besten erhalten ist die spätgotische, einschiffige **Schlosskirche** vom Anfang des 15. Jahrhunderts. Sie gehört aufgrund der einheitlichen Wirkung des Raumes und der harmonischen Farbigkeit zu den bedeutendsten Schlosskirchen der deutschen Gotik. Der hohe Innenraum wird von einem Kreuzrippengewölbe überspannt. Ein kunstvoll geschmiedetes Gitter trennt den Chor vom Kirchenschiff. Die Ausstattung umfasst mehrere bedeutende Werke der späten Gotik und der Frührenaissance. Hervorzuheben sind der große Flügelaltar (um 1520), der Taufstein (1522), vor allem aber die schöne Sakramentsnische auf der Südwestempore und das Sakramentshäuschen (1537).

22

Lutherstadt Eisleben

Eisleben ist auf ganz besondere Weise mit Luther verbunden, obgleich des Reformators Wirken andernorts weit umfangreicher war. Nur wenige hundert Meter von seinem Geburtshaus entfernt, schloss sich am 18. Februar 1546 der Kreis seines 63-jährigen Lebens, eines Lebens voller Kämpfe und Widersprüche, voller Höhen und Tiefen.

In der Langen Gasse 16, heute Lutherstraße, erblickte am 10. November 1483 Martin Luther das Licht der Welt. Er wurde am darauffolgenden Tag in der Petri-Pauli-Kirche auf den Namen des Tagesheiligen Martin getauft. Wenige Wochen zuvor war die Familie Hans Luder, wie sie sich damals schrieb, aus Möhra nach Eisleben gezogen. Als nicht erbberechtigter Bauernsohn war der junge Vater schon in Möhra im Kupferbergbau unternehmerisch tätig. Hier in Eisleben, dem Hauptort des Mansfelder Erzbergbaus, wollte er sich nun eine Existenz aufbauen. Jedoch hatte Hans Luder dabei wenig Erfolg, zu viele strömten mit ihm und dem gleichen Ziel in die Stadt. Deshalb zogen die Luders bereits im Frühsommer 1484 weiter nach Mansfeld.

Trotzdem fühlte sich Martin Luther sein Leben lang seinem Geburtsort verbunden. Erstmals zurück kam er

23

Brustbild Luthers mit Wappen (1693) an der Straßenseite des Geburtshauses

Luthers Geburtshaus

1516. Als Distriktsvikar weihte er den Chor der im Bau befindlichen Annenkirche in der Eislebener Neustadt. Weitere Reisen führten Luther immer wieder in seine Geburtsstadt. 1518 visitierte er das neue Augustinerkloster. Das 1515 vom Hinterorter Grafen von Mansfeld gestiftete Kloster wurde allerdings sieben Jahre später wieder aufgelöst.

In der Zeit des Bauernkrieges riefen die Mansfelder Herren Luther zu Hilfe. Die Grafen befürchteten einen Aufstand, war doch am Gründonnerstag 1524 die bei Allstedt gelegene Mallerbacher Marienkapelle von aufgebrachten Müntzer-Anhängern niedergebrannt worden. Luther sollte mittels seines Ansehens auf die Bergknappen beruhigend einwirken. Aus diesem Grund weilte er im April und Mai 1525 wiederum in Eisleben.

Zum letzten Mal kam der bereits erkrankte Reformator am 28. Januar 1546 in seine Geburtsstadt. Erneut folgte er einer Bitte der Mansfelder Grafen, in deren komplizierten Erbstreitigkeiten einen Ausgleich herbeizuführen. Die ihm zugedachte Rolle empfand er als unangenehm. Er fühlte sich nicht kompetent und juristisches Denken widerte ihn an. Wohl mehr aus seiner tief verwurzelten Heimatliebe zum Mansfelder Land entschloss er sich dennoch, dem Wunsch der Grafen zu entsprechen. Schon im Oktober und im Dezember 1545 war er in gleicher Sache unterwegs gewesen. Und tatsächlich gelang es ihm nun, einen Vergleich zwischen den Grafen zustande zu bringen. Das war am 16. Februar. Einen Tag später wurde das Ergebnis bereits schriftlich fixiert.

Viermal noch predigte Luther in dieser Zeit, zuletzt am 14. Februar. Die Krankheit hatte ihn aber so geschwächt, dass er diese Predigt abbrechen musste. Sein Quartier konnte er danach nicht mehr verlassen. Justus Jonas, sein treuer Freund, berichtete, dass Luther am Abend des 17. Februar, nachdem er mit seinen Gefährten zu Abend gegessen hatte, über heftige Schmerzen in der Brust klagte. Die sofort gerufenen Ärzte konnten ihm nicht mehr helfen.

Neben Justus Jonas versammelten sich auch Graf Albrecht mit Frau, Luthers Söhne sowie der Hofprediger um den Sterbenden. Zwischen zwei und drei Uhr früh entschlief friedlich der große Reformator. Nach einem Trauergottesdienst in der Andreaskirche wurde auf Anordnung des sächsischen Kurfürsten Johann Friedrich I. Luthers Leichnam am 20. Februar nach Wittenberg überführt.

Nur wenige Schritte von der spätgotischen Pfarrkirche St. Peter und Paul entfernt steht das *Geburtshaus*. Hier gebar Margarete Luder am 10. November 1483 jenen Knaben, der als Martin Luther die christliche Welt in Atem halten sollte. Das schlichte zweigeschossige Haus in der ehemaligen Langen Gasse ist in seinem Kern noch gotisch erhalten. Welcher Raum das Geburtszimmer war, ist nicht mehr genau feststellbar. In Frage kommen die ehemalige Schulstube an der Straße, eine Kammer im Obergeschoss oder ein Raum im verschwundenen Seitenflügel.

Da Luther schon bald nach seinem Tode in den evangelischen

25

Ländern geradezu kultisch verehrt wurde, brachte man bereits im 16. Jahrhundert ein hölzernes Tafelbild mit seinem Portrait am Haus an. Nach einem Brand 1689 konnte es, wie auch die Glasgemälde Luthers und Melanchthons, unversehrt geborgen werden. Das trug ihm den Namen "Unverbrannter Luther" ein.

Durch den Brand wurden vor allem das Obergeschoss und das Dach zerstört. Feuerversicherungen gab es damals noch nicht, weshalb es üblich war, dass "Abgebrannte" mit Genehmigung der Behörden um Spenden für den Wiederaufbau baten. Weil sie aber gern selbst das Haus besitzen wollten, untersagten die Stadtväter der damaligen Besitzerin, auf diesem Weg ihr Haus wiederherzustellen. Der Rat beabsichtigte, das Haus als Armenschule und Luthergedenkstätte zu nutzen und hatte dies bereits mit dem Oberaufseher der Grafschaft abgesprochen. Also zogen Vertreter der Gemeinde durch die Hauptorte des Landes, um Geld dafür zu sammeln. Und die Spenden flossen reichlich. Im "Allmosen-Hause, auch Schreib- und Rechenschule" entstand so die **Armenschule**, und das Obergeschoss beherbergte die erste **Luthergedenkstätte**.

Martin Luthers Geburtshaus
06295 Lutherstadt Eisleben, Lutherstraße 15 • Tel.: 03475-7147814 • **ÖZ:** April bis Okt. täglich 10-18 Uhr, Nov. bis März Di-So 10-17 Uhr • **Führungen** nach Anmeldung
www.martinluther.de

Martin Luthers Geburtshaus wurde damit zu einem der ersten Geschichtsmuseen in deutschen Landen. Im sogenannten "Schönen Saal" fanden jährlich Feierstunden am Geburts- und Sterbetag sowie zum Reformationsfest am 31. Oktober statt. Die Eislebener Bürger finanzierten sowohl die Gedenkstätte als auch die Armenschule mit ihrem privaten Geld. Erst 1817 sorgte Friedrich Wilhelm III. für einen regelmäßigen Schuletat und für einen eingeschossigen Neubau im Hof des Geburtshauses. Außerdem legte er fest, Haus und Gedenkstätte fortan auf Staatskosten zu erhalten.

In den Jahren von 2005 bis 2007 wurde das Haus umfassend saniert und zu einem **Museumsensemble** erweitert. In der neuen Ausstellung unter dem Titel "Von daher bin ich – Martin Luther und Eisleben" kann sich der Besucher auf die Spuren der Familie Luther begeben. Zu den rund 250 Exponaten aus der Kindheit und Jugend Luthers zählt auch sein vermeintliches Lesepult, ein geschnitzter und versilberter Schwan. Der als Luthers Sinnbild geltende Schwan geht auf einen angeblichen Ausruf des tschechischen Reformators Jan Hus (Husa = Gans) zurück: "Mich, der ich eine Gans bin, werdet ihr jetzt braten. Aber nach mir kommt ein Schwan, welcher singen wird, denselben wird man ungebraten lassen müssen."

Bereits 1333 wurde die **Pfarrkirche St. Petri** schriftlich erwähnt. An ihrer Stelle entstand die heutige dreischiffige Hallenkirche, deren ältester Teil die 1447 bis 1474 errichte-

**Petri-Pauli-Kirche
Zentrum Taufe**

06295 Lutherstadt Eisleben,
Petristraße • Tel.: 03475-633586
ÖZ: April bis 11. Nov. 10-16 Uhr
(So ab 11.30 Uhr), 12. Nov. bis
März Mo-Sa 13.30-15.30 Uhr, So
11.30-12.30 Uhr
www.zentrum-taufe-eisleben.de

te Westturm ist. Am 1. August 1486 wurde der Grundstein zum neuen Kirchenschiff gelegt, 1513 begannen die Arbeiten zum neuen Chor. Gleichzeitig erhielt der Turm seine gedrungene Renaissancehaube.

Am 11. November 1483, dem Martinstag, wurde in der Petri-Pauli-Kirche Martin Luther getauft. Wie neuere Forschungen ergaben, fand seine Taufe jedoch nicht im gewölbten Turmraum, sondern noch im Vorgängerbau der heutigen Kirche statt.

Den Innenraum der Kirche überspannt ein feingliedriges Netzgewölbe. Neben einigen spätgotischen Ausstattungsstücken, die eine gotisierende Wiederherstellung von 1834 überstanden haben, ist **Luthers Taufstein** von besonderem Interesse. Lange galt er als verschollen. Erst 1726 wurden Überreste von ihm im Garten des Gymna-

siums gefunden. Seine Inschrift: "Rudera baptisterii quo tinctus est Martinus Lutherus 1483" entstand wahrscheinlich im 18. Jahrhundert.

Mit der jüngsten aufwendigen Umgestaltung der Kirche sollte die Rolle der Taufe, die nach Luthers Glaubensauffassung von zentraler Bedeutung ist, bewusster gemacht werden. Diesen Gedanken setzt das 2014 eröffnete **"Zentrum Taufe"** mit einem außergewöhnlichen, in den Boden eingelassenen Taufbecken von zwei Metern Durchmesser um. Es ermöglicht jetzt sogar die Ganzkörpertaufe in der Tradition von Johannes dem Täufer.

27

Petri-Pauli-Kirche

In den 1970er Jahren kamen Teile der Ausstattung der vom Verfall bedrohten Nikolaikirche (inzwischen gerettet und teilsaniert) in die Petri-Pauli-Kirche, so ein Taufstein vom Ende des 15. Jahrhunderts und ein Flügelaltar mit der Figur des heiligen Nikolaus.

Höhepunkt des Chors ist der um 1500 entstandene **Annenaltar**. Von ehemals neun Altären blieb dieser Schnitzaltar, eine Stiftung an die Schutzheilige der Bergleute, als einziger erhalten. Seine Darstellungen beziehen sich deutlich auf den Bergbau. Das steinerne Sakramentshaus im Chor stammt von 1426.

Seit 1990 befinden sich in der Kirche die großen **Epitaphgemäl-**de vom alten Kronenfriedhof. Bis 1982 waren sie in Luthers Geburtshaus zu sehen, wo sie auf Anweisung Schinkels 1817 hingebracht worden waren. Die meisten dieser Gemälde entstanden in den Jahren nach Luthers Tod und zeugen von der Eigenständigkeit der Eislebener Maler in der zweiten Hälfte des 16. Jahrhunderts. Die jeweiligen Stifter sind im Vordergrund dargestellt. In den biblischen Szenen, die vor dem Hintergrund Eislebens spielen, treten Luther, Melanchthon und andere Reformatoren als Vermittler der neuen göttlichen Lehre auf.

Gegenüber der Andreaskirche steht das Haus, das lange Zeit als **Sterbehaus** Martin Luthers galt. Heute weiß man, dass der Reformator 1546 im Haus des Stadtschreibers Johann Albrecht am Markt 56 starb. Dennoch bleibt das spätgotische Gebäude am Andreaskirchplatz 7 die Gedenkstätte. Das Haus soll der Stadtschreiber und gräfliche Beamte Dr. Drachstedt bewohnt haben. Es wurde nach einem Stadtbrand 1498 errichtet und zählt heute zu den stattlichsten spätmittelalterlichen Häusern Eislebens.

Dem schmalen Traufenhaus mit zwei hohen Geschossen schließt sich ein ebenso schmaler Seitenflügel an. Beide Gebäudeteile verbindet ein Wendelstein. 1862 wurde das Haus in Staatsbesitz übernom-

Gedenkstätte "Martin Luthers Sterbehaus"

men. Damals einigte man sich, das Gebäude als ein Denkmal des Reformators zu erhalten. Dafür sollte es zunächst den Zustand erlangen, wie er beim Ableben Luthers vermutlich bestand. Bei den 1865 bis 1868 durchgeführten Arbeiten konzentrierte man sich zunächst auf die Rekonstruktion der Fassade. Aus den schmalen biedermeierlichen Fenstern wurden wieder spätgotische. Den Hauseingang verlegte man von der linken Seite zurück an seine ursprüngliche Stelle, womit auch die Ladenstube beseitigt wurde. Bei den Arbeiten fand sich ein Rest des originalen Portals.

Allerdings griff man auch korrigierend in die Substanz des Hauses ein, das ursprünglich ein Fachwerk-Obergeschoss besaß, nun aber in durchgehender Steinbauweise erscheint. Der Seitenflügel wurde erst später, wahrscheinlich um 1600, angefügt. Bei den ersten Rekonstruktionsarbeiten 1863 konnte recht überzeugend der flache Fenstererker des sogenannten "Konferenzzimmers", von dem nur einige Konsolsteine erhalten waren, wiederhergestellt werden. Um das Gebäude als Gedenkstätte nutzen zu können, baute man ein Treppenhaus ein. Damit zerstörte man die Raumfolge des 16. Jahrhunderts. Auch der Wendelstein wurde bei dieser Gelegenheit neogotisch ausgeschmückt.

Als 1868 die Arbeiten abgeschlossen waren, erschienen die Lutherräume den Verantwortlichen zu kahl. Das Sterbebett und ein von Luther benutzter Lehnstuhl, im 17. Jahrhundert noch gezeigt, galten seit Anfang

Museum Luthers Sterbehaus
06295 Lutherstadt Eisleben, Andreaskirchplatz 7
Tel.: 03475-602285 • **ÖZ:** April bis Okt. täglich 10-18 Uhr, Nov. bis März Di-So 10-17 Uhr
www.martinluther.de

des 18. Jahrhunderts als verschollen. Um den Besuchern einen lebendigen Raumeindruck zu vermitteln, beschloss man 1894, die Innenausstattung neu anfertigen zu lassen. Damit wurde Friedrich Wanderer aus Nürnberg beauftragt, ein bekannter Ausstattungskünstler dieser Zeit. Die Wohnräume erhielten eine gediegene, kostbare Einrichtung, die durch Zukauf echter Antiquitäten an Glaubwürdigkeit gewann. 1888 hatte man von Nachfahren Luthers das seidene schwarze Bahrtuch erworben. Das einzige echte Erinnerungsstück war Mittelpunkt der Gedenkstätte (Foto Seite 18).

2012 wurde "Luthers Sterbehaus" grundlegend saniert und durch einen Neubau unter Einbeziehung zusätzlicher Außenflächen zu einem Museumsquartier erweitert. "Luthers letzter Weg" heißt die neue Ausstellung, die auch Luthers Auseinandersetzung mit dem Thema Sterben und Tod beleuchtet.

Bereits Anfang des 19. Jahrhunderts hatte die "Vaterländisch-literarische Gesellschaft in der Grafschaft Mansfeld" versucht, ein ***Luther-denkmal*** zu errichten. Aus den eingereichten Entwürfen wählte man 1805 jenen von Johann Gottfried Schadow. Das zögerliche Verhalten

29

Friedrich Wilhelm III. und die napoleonische Fremdherrschaft verhinderten zunächst, diesen Plan zu verwirklichen. Als dann ruhigere Zeiten anbrachen, entschied der König, das Standbild in Wittenberg aufzustellen. Die Eislebener mussten sich mit den Bronzebüsten Luthers und Melanchthons zufriedengeben. 1869 gründeten die Lehrer Eislebens einen neuen Verein. Endlich sollte auch in ihrer Stadt ein würdiges Lutherdenkmal stehen. Nach einem Entwurf Rudolf Siemerings wurde das Standbild 1882 in der Berliner Bronzegießerei Gladenbeck gegossen und zum 400. Geburtstag Martin Luthers 1883 feierlich enthüllt.

Siemering zeigt Luther als den energischen Verteidiger des reinen Evangeliums. Mit dem linken Arm presst er die Bibel an sein Herz, die rechte Hand zerdrückt die Bannbulle. Am Sockel aus grünem Syenit stellen vier Reliefs Szenen aus dem Leben des Reformators dar. Auf der Vorderseite findet sich eine allegorische Darstellung des Sieges der Reformation. Das linke Relief zeigt Luther beim Übersetzen der Bibel, das rechte beim Streitgespräch mit Dr. Johannes Eck. Auf der Rückseite ist Luther im Kreis seiner Familie zu sehen. Mit dem Eislebener Lutherdenkmal schuf Siemering ein Bildnis, das bis heute unsere Vorstellung von Luther prägt.

In der **_Andreaskirche_** hielt Luther seine letzten vier Predigten, und hier war auch sein Leichnam aufgebahrt worden. Als sich die mittelalterliche Stadt entwickelte, wurde die Andreaskirche zum Sitz des Archidiakons,

Lutherdenkmal
auf dem Markt

dem Vertreter des Halberstädter Bischofs, und somit Hauptkirche Eislebens. Nach einem Stadtbrand von 1498 musste das Gotteshaus im Wesentlichen neu aufgebaut werden.

Die Andreaskirche ist eine dreischiffige Hallenkirche mit dreischiffigem Chor. Die beiden Hausmannstürme und das Westportal stammen aus dem 14. Jahrhundert. Die Turmhauben mussten nach dem Brand von 1601 neu aufgesetzt werden. An der Nordseite des Chors erhebt sich ein dritter Turm, der in seiner Massigkeit die anderen überragt. Die Basis dieses Turms entstand in der Spätgotik, der achteckige Aufbau mit Haube und Laterne im Barock. Im Erdgeschoss befindet sich die Sakristei. Die Kirchenbibliothek darüber, die auch eine fast vollständige *Sammlung Lutherscher Erstdrucke* besitzt, wurde wegen Baufälligkeit des Turmes ausgelagert.

An einem Strebepfeiler im Langhaus ist die Figur des Namenspatrons der Kirche angebracht. Die Innenausstattung wurde im Laufe der Zeit oft verändert; am gravierendsten 1877, als man die nachmittelalterliche Ausstattung entfernte. Der große, *vierflüglige Schreinaltar* im Hauptchor wurde um 1500 gefertigt und ist wie viele Arbeiten dieser Zeit von der Nürnberger Schule beeinflusst. Geöffnet zeigt er eine Marienkrönung sowie die Patrone der Kirche und des Halberstädter Domkapitels, die Heiligen Andreas und Stephan. Als man 1911 bei Restaurierungsarbeiten die Seitenflügel wieder mit dem Altarschrein verband, entstand auch ein neuer Altaraufsatz, der das verlorengegangene Gesprenge ersetzte.

Die *Lutherkanzel* von 1509 wurde 1877 und 1911 ergänzt und restauriert. Seit dem 17. Jahrhundert verehrte man die spätgotische Kanzel so sehr, dass sie nur zu Feiertagen den Festpredigern vorbehalten war. Der Puttenfries am Kanzelpfeiler gehörte ursprünglich zu einem Barockaltar. Die Treppe ist ebenfalls jüngeren Datums. Der Kanzelbehang, Stiftung einer Gräfin von Mansfeld, wird seit 1876 in einer Vitrine aufbewahrt. Er besteht aus vier reich bestickten Teilen liturgischer Gewänder. Das mit schönen Schnitzereien

verzierte Chorgestühl fertigte laut Inschrift Meister Gabriel (Tuntzel), "Tischer aus Hall", um 1520.

Beeindruckend ist gleichfalls die *Fülle alter Grabmäler* in der Kirche. Die ältesten Grabsteine stammen allerdings aus dem Kloster Neuenhelfta, das im Jahre 1525 aufgelöst wurde. Ein Meisterwerk mitteldeutscher Renaissancekunst ist im Nordchor die Tumba für den Grafen Hoyer VI. von Mansfeld-Vorderort. Er war bis zu seinem Ende 1540 ein entschiedener Gegner Luthers und der Reformation. Das vom Bildhauer Hans Schlegel 1541 geschaffene Grabmal stand einst in der Kirchenmitte und somit zu Füßen Luthers während seiner letzten Predigten. Umgeben von Säulen mit Engeln und Figurengruppen, ruht auf dem reich verzierten Sarkophag die bronzene Figur des Grafen. Wer das hervorragende Bildwerk mit dem Portrait des Toten modelliert und gegossen hat, ist bis heute ein Geheimnis. Ebenso wie Graf Hoyer hatte dessen 1531 verstorbener Bruder Ernst II. eisern am alten Glauben festgehalten. Es war jener Ernst II., der Thomas Müntzer auf seiner Burg Heldrungen foltern und am 27. Mai 1525 in der Nähe von Mühlhausen enthaupten ließ.

31

Pfarrkirche St. Andreas
06295 Lutherstadt Eisleben, Andreaskirchplatz
Tel.: 03475-602229
ÖZ: Mai bis Okt. Mo-Sa 10-16 Uhr, So/Fei 11.30-16 Uhr
www.kirche-in-eisleben.de

Altar (um 1500) im Chor der Andreaskirche

Die **Annenkirche** gründete Graf Albrecht IV. von Mansfeld-Hinterort 1513 als Pfarrkirche der Neustadt. 1515 stiftete er noch ein Augustiner-Eremiten-Kloster, das mit der Kirche verbunden war. Als frischgewählter Distriktsvikar der Augustinerklöster inspizierte Martin Luther die im Bau befindliche Ordensniederlassung im Juni 1515. Das Kloster bestand aber nur bis 1522, da sich schon ein Jahr zuvor der Ordenskonvent selbst aufgelöst hatte. Wahrscheinlich unter dem Eindruck der persönlichen Begegnung mit Luther – auf seiner Reise nach Worms soll er sich hier noch einmal aufgehalten haben – bekannte sich der Eislebener Konvent bald zum evangelischen Glauben. Auf diese Weise wurde die Annenkirche die erste lutherische Kirche in der Mansfelder Grafschaft.

Der Bau der Kirche begann 1514 mit dem spätgotischen Chor, den Luther am 13. November 1516 weihte. Erst 1585 bis 1608 erfolgte die Errichtung des Langhauses sowie der Grabkapelle der Mansfelder Grafen und des einfachen Nordturms. So vereinen sich an der Kirche Bauformen der Spätgotik und der Renaissance.

Von der Ausstattung aus dieser Zeit ist der süddeutsch beeinflusste spätgotische Schnitzaltar von 1510 erhalten. Die Kanzel mit ihren figurenreichen Reliefs wurde 1608 eingebaut. Ihr Schalldeckel trägt ein Lutherme-

34

Pfarrkirche St. Annen
06295 Lutherstadt Eisleben, Annenkirchplatz 2
Tel.: 03475-604115 • *ÖZ:* Mai bis Okt. Mo-Sa 10-16 Uhr, So 12-16 Uhr • *Führungen* tel. anmelden
www.kirche-eisleben-stannen.de

daillon mit dem Lutherzitat "An Gottes Wort liegt mehr als an der ganzen Welt." Im südlichen Langhaus haben sich die sehr schönen Glasmalereien in der Art Schweizer Wappenscheiben aus der Frührenaissance erhalten. Die Chorgestühlbrüstungen, Steinbilderbibel genannt, des Meisters Hans Thon Uttendrup sind wohl einzigartig in Europa.

Chor der Annenkirche

Magdeburg

Im Jahre 1513 wählte das Magdeburger Domkapitel jenen Albrecht von Brandenburg zum Erzbischof, der seine gekauften Ämter durch Ablasshandel finanzierte. Der Papst hatte ihm dies genehmigt, um so das von den Augsburger Fuggern geliehene Geld zurückzahlen zu können, und ihn gleichzeitig zum Erzbischof von Mainz und zum Administrator von Halberstadt ernannt. Tetzel reiste daraufhin in Sachen Ablasshandel im Erzbistum Magdeburg und im Bistum Halberstadt umher und verkaufte mit großem Erfolg seine Ablassbriefe. Auch dies veranlasste Martin Luther zu seinen berühmten 95 Thesen.

Im Frühjahr 1497 kam der dreizehnjährige Martin nach Magdeburg. Gemeinsam mit seinem Freund Hans Reinecke besuchte er die damals berühmte Schule der "Brüder vom gemeinsamen Leben", auch Troilus- oder Nullbrüder genannt. Diese nichtmönchische Brüderschaft aus Laien und Klerikern lebte von ihrer Hände Arbeit und der Schultätigkeit. Für die Erziehung und den Unterricht hatten sie so manches geleistet, vertrauten sie doch mehr dem Vorbild und gutem Zureden, als der Rute.

Welchen Einfluss die Nullbrüder auf die Frömmigkeit des jungen Martin hatten, kann nicht mehr festgestellt werden. Es wird jedoch berichtet, dass Luther damals neben vielen anderen bedeutenden Persönlichkeiten hier dem Prior Andreas Proles aus dem Kloster Himmelpforte bei Wernigerode begegnet sein soll. Der habe mit dem Knaben auch darüber gesprochen, dass eine Reform der Kirche dringend anstünde, dass die Papstkirche so nicht bleiben könne und dass "der Held schon geboren sei, den Gott zur Durchführung dieses Werkes mit Verstand und Muth begnadigt habe." Ob dies authentisch ist, bleibt jedoch unklar. Ebenso, warum ihn sein Vater schon um Ostern 1498 aus Magdeburg zurückholte und ihn nach Eisenach zur Lateinschule schickte. Luther soll während der **Magdeburger Schulzeit** bei dem aus Mansfeld stammenden Offizial Paul Moßhauer, nach anderer Meinung bei den Nullbrüdern, gewohnt haben. Seinen Unterhalt musste er durch Betteln und Singen bestreiten, was keine Schande, sondern allgemein üblich war.

1523 hatten sich die Spannungen in Magdeburg zwischen Domkapitel und Stadt soweit zugespitzt, dass sich ein Teil der ratsfähigen Bürger, darunter der Bürgermeister Nikolaus Sturm, für die Durchsetzung der Reformationsgedanken Luthers einsetzte. Ein Jahr später wurden in allen Pfarrkirchen der Stadt evangelische Pfarrer berufen. Eine radikale Gruppe unter Johann Grauert sorgte für tumultartige Auftritte. Deshalb sah sich Bürgermeister Sturm genötigt, Martin Luther nach Magdeburg zu holen, um mittels dessen Autorität den gemäßigten Reformern zum Sieg zu verhelfen.

Luther kam am 24. Juni 1524 im Augustinerkloster an und verhandelte mit dem Rat und den Gemein-

35

devertretern. Seine in der Klosterkirche geplante Predigt musste wegen großen Andrangs am 26. Juni in der Marktkirche St. Johannis stattfinden. Ein zweites Mal predigte Luther hier am 3. Juli 1524. Sein Auftreten hinterließ einen tiefen Eindruck auf die Menschen. Bereits am 17. Juli bekannten sich fast alle Kirchen der Stadt zum reformierten Glauben.

Um diesen Erfolg zu festigen, schickte Luther **Nikolaus Amsdorf**, seinen getreuen Helfer bei der Bibelübersetzung, nach Magdeburg. Amsdorf wurde Pfarrer an der Ulrichskirche und vom Kurfürsten zum Superintendenten ernannt. Gleich darauf ließ er gemeinsam mit Melanchthon im ehemaligen Augustinerkloster eine Stadtschule einrichten, deren erster Rektor Kaspar Cruciger wurde. Luther war sehr stolz auf diese Schule, an der außerdem sein Freund Martin Agricola als Kantor wirkte.

Magdeburg war fortan eine Hochburg des Protestantismus im Reich. Nach der Niederlage des Schmalkaldischen Bundes verhängte der Kaiser 1547 über Magdeburg die Reichsacht, die bis 1562 dauerte. Konkreter Grund dafür war, dass sich Magdeburg auf dem Augsburger Reichstag 1547 als einzige Stadt standhaft widersetzte, erneut den Katholizismus als alleiniges Bekenntnis zuzulassen. Um die Reichsacht zu vollstrecken, belagerte Kurfürst Moritz von Sachsen mit seinem Heer die Stadt 1550/51 ein ganzes Jahr lang, aber ohne Erfolg. Nach dem Abzug konnte die Reformation auch im Dom und in anderen Kirchen Einzug halten.

Rekonstruierte Johanniskirche

St. Johannis war die älteste Pfarrkirche Magdeburgs, erstmals erwähnt 941. Im 12. Jahrhundert wurde eine neue dreischiffige Basilika errichtet und hundert Jahre später deren doppeltürmige Westfassade. Im 15. Jahrhundert baute man ein neues Langhaus, in dem Luther 1524 seine Predigt hielt. Nach schwerer Zerstörung 1945 blieb das Langhaus eine Ruine, bis in den 1990er Jahren der Wiederaufbau erfolgte.

Vor der Johanniskirche befindet sich ein **Denkmal Luthers**, das am Reformationsfest des Jahres 1886 eingeweiht wurde. Aufrecht und entschlossen hat der Berliner Bildhauer Emil Hundrieser den Reformator dargestellt. Im weiten Predigergewand steht der bronzene Luther auf dem Sockel, unter seinen Füßen die päpstliche Bannandrohungsbulle. Während die linke Hand auf seinem Herzen ruht, hält die rechte die Bibel.

Johanniskirche
39104 Magdeburg
Johannisbergstraße 1
Tel.: 0391-5934450 • **ÖZ:** März bis Okt. 10-18 Uhr, Nov. bis Febr. 10-17 Uhr • **Führungen** über stadtfuehrung.mantzsch@ magdeburg-tourist.de und Tourist-Information, Tel.: 0391-8380-401 und -408
www.mvgm-online.de/johanniskirche.html

Lutherstadt Wittenberg 37

1508 kam Martin Luther zum ersten Mal in die Stadt, in der damals knapp 3000 Einwohner lebten. Für Luther lag Wittenberg am Rande der Zivilisation, etwas weiter nördlich begann für ihn die Barbarei. Doch schließlich verbrachte er die längste Zeit seines Lebens in den Mauern dieser Stadt, die mit dem Thesenanschlag 1517 zum Zentrum der Reformation werden sollte.

Im Wintersemester 1508/09 sollte Luther die Dozentur für Moralphilosophie übernehmen. Inspiriert hatte dies der Generalvikar der Augustiner Johann von Staupitz, Luthers väterlicher Förderer. Endgültig siedelte Luther 1511 nach Wittenberg um, wo er ab 1512 als Professor der Theologie, ab 1514 als Prediger an der Stadtkirche St. Marien und ab 1515 als Distriktsvikar der Augustiner tätig war.

Die Thesen gegen den Ablass, in Latein verfasst, sollten eigentlich nur zum wissenschaftlichen Disput herausfordern. Luther glaubte anfangs, sich den Dank des Papstes zu verdienen, indem er die Widersprüche und Missstände beim Namen nannte. Stattdessen wurde er verdammt. Nach

seinem Verhör in Augsburg durch den Kardinal Cajetan erhielt er am 11. Oktober die Bannandrohungsbulle, die er zwei Monate später zusammen mit dem kanonischen Recht und Schriften seiner Gegner auf dem Schindanger vor dem Wittenberger Elstertor öffentlich verbrannte.

Während seines Wartburgaufenthalts radikalisierte sich die reformatorische Bewegung in Wittenberg. Unter Führung von Andreas Bodenstein, genannt Karlstadt, fanden **Bilderstürmereien** statt, bei denen ein Teil der Einrichtung der Stadtkirche beschädigt wurde. Nachdem Luther am 6. März 1522 nach Wittenberg zurückgekehrt war, predigte er acht Tage lang gegen den Aufruhr. Fortan wandte sich Luther entschieden gegen jegliche Gewalt zur Durchsetzung der Reformation. Die kirchlichen Belange sollten wohl reformiert, aber nicht die weltliche Ordnung umgestülpt werden.

Am 16. Oktober 1524 vollzog Luther dann auch in seinem persönlichen Leben die Änderungen, die er so vehement für den christlichen Glauben vertrat: Er legte die Mönchskutte ab. Aus dem Mönch Luther wurde der Bürger Luther.

Am 13. Juni 1525 heiratete er die aus dem Kloster Marienthron in Nimbschen bei Grimma entflohene Nonne **Katharina von Bora**. Unter seinen Freunden fand dieser Schritt keine Zustimmung, waren doch alle der Meinung, dass er die Falsche gewählt hatte. Luther ließ sich davon nicht beirren. Später sagte er dazu: "Aber ich habe meine Käthe lieb und weiß, dass ich sie lieber habe als sie mich, das heißt ich wollte lieber sterben, als dass sie mit den Kinderlein sollte sterben." Der neue Kurfürst Johann (Friedrich der Weise war im Mai 1525 gestorben) schenkte dem Paar 100 Gulden und bewilligte seinem Professor ein Gehalt von 200 Gulden.

Schon bald erschallten in den Mauern des ehemaligen Klosters viele Kinderstimmen. Zu seinen eigenen gesellten sich die Kinder seiner Schwester Margarethe, die bei ihm wohnte. Luther nahm seine Ehe und seine Pflichten als Familienvater sehr ernst, fühlte er sich dadurch "reicher als alle papistischen Theologen der Welt". Am 7. Juni 1526 wurde sein ältester Sohn Johann geboren, auf den Luther besonders stolz war. Es folgte

am 10. Dezember 1527 Tochter Elisabeth, die aber bald darauf verstarb. Am 4. Mai 1529 kam Magdalena zur Welt, 1531 Martin, 1533 Paul und 1534 Margaretha. Den Tod seiner Tochter Magdalena, die dreizehnjährig 1542 starb und an der er sehr hing, erfüllte ihn mit großem Schmerz.

Kurfürst Johann übertrug 1532 Luther und seinen Erben das **"Schwarze Kloster"** zusammen mit dem dazugehörigen Grundstück, um von hier weiter das Evangelium zu verbreiten. In diesem Zusammenhang wurde Luther auch das volle Bürgerrecht verliehen. Aus dem "Schwarzen Kloster" wurde das bürgerliche Lutherhaus. Nicht nur die Kinder der Verwandtschaft wurden im Haushalt aufgenommen, das "Schwarze Kloster" stand für jeden offen, der Hilfe brauchte. Ob entflohene Ordensleute oder vertriebene Prediger, Luther wies niemandem die Tür. Möglich war dies aber nur durch das kluge und umsichtige Wirtschaften seiner Frau, denn Reichtümer besaß die Familie Luther nie.

Luthers Leben in Wittenberg hatte selten etwas von dem "Atem der Geschichte", vielmehr war der Alltag von unzähligen Kleinigkeiten geprägt. Gerade dies schlug sich in seinem Werk nieder, das wohl deshalb bis heute nichts von seiner Frische verloren hat.

Fünfunddreißig Jahre verbrachte Luther im Augustiner-Eremiten-Kloster zu Wittenberg. Sein Ordensvikar Johann von Staupitz schickte ihn 1508 in diesen Ort, um an der neuen Universität Vorlesungen zu halten. Nach seiner Rückkehr aus Erfurt nahm Luther hier wieder Quartier. Der größte und wichtigste Teil seiner Arbeiten

Lutherhaus in Wittenberg

entstand hinter diesen Mauern, die 95 Thesen, seine Vorlesungen, die weitergeführte Bibelübersetzung und seine Korrespondenz.

Nach seiner Heirat war das Kloster der Ort seines Familienlebens und seiner berühmten Gastfreundschaft. 1532 schenkte Johann der Beständige der Familie Luther das Klostergebäude mit Garten und Hof. Zwölf Jahre nach Katharina Luthers Tod, 1564, verkauften die Kinder das Haus an die Universität. Sehr bald ließ die Universität an der Straßenseite ein prächtiges Vordergebäude errichten. Seither bilden das Klostergebäude und das Vorderhaus als "Augusteum" einen geschlossenen Universitätsbereich.

An der Südseite des sogenannten Lutherhofs steht das **Lutherhaus**. Als Luther 1508 nach Wittenberg kam, waren die Bauarbeiten am Kloster noch in vollem Gange. 1522 wurde das Kloster aufgehoben, das spätere Lutherhaus, als "Schlafhaus" bezeichnet, war aber noch nicht voll ausgebaut. Erst ab 1535 konnte Luther es sich leisten, das Haus umzubauen und den Provisorien ein Ende zu setzen. In diese Zeit gehört auch der Bau der Lutherstube.

1540 machte ihm seine Frau Käthe ein besonderes Geburtstagsgeschenk: das **Katharinenportal** aus pirnaischem Sandstein. Als Kielbogen gearbeitet, der in einer Kreuzblume ausläuft, ist es noch ganz dem Formenschatz der Spätgotik verhaftet. Die Baldachine der Sitznischen sind mit Luthers Wappen und Bildnis verziert, die von Inschriften umrahmt werden; die Lutherrose: "VIVIT" (er lebt), das Lutherpartrait: "IN SILENCIO ET SPE ERIT FORTITUDO VESTRA" (Durch Stillsein und Hoffen würdet ihr stark sein). An Anton Lauterbach, den Stadtpfarrer in Pirna, schrieb Luther: "Die gehauene Haustür will Käthe so weit haben, als dies Maß ist. Die Länge oder Höhe werden die Meister selbst wissen zu nehmen." Welcher Steinmetzmeister aus Pirna den Auftrag ausführte, ist nicht eindeutig geklärt.

Ofen in der Lutherstube

Ab 1844 baute der Berliner Baumeister Friedrich August Stüler das Lutherhaus gotisierend zu einer *Gedenkstätte* um. Dabei wurde der Ziergiebel errichtet, das Dach abgeflacht und ein Erker im ersten Obergeschoss angefügt. Die Veränderungen im Inneren betrafen nicht alle Räume und so blieb die Lutherstube von einer Umgestaltung verschont. Zum 400. Geburtstag Luthers 1883 wurde das Wohnhaus des Reformators dann als reformationsgeschichtliches Museum Lutherhalle eröffnet.

Die *Lutherstube*, der Wohnraum der Familie, blieb in seiner originalen Gestalt mit Fenstern, Dielen, Täfelung und Mobiliar

Möblierter Teil der Lutherstube

erhalten. Die Vertäfelung, die sich Luther geleistet hatte, stand den Ausstattungen von Wohnräumen in Schlössern dieser Zeit nicht nach. Ein Prunkstück des Zimmers ist der fünfgeschossige Ofen mit insgesamt 27 Bildkacheln. Sie zeigen die vier Evangelisten, die sieben Freien Künste sowie Szenen aus der Passionsgeschichte. Im heutigen Erscheinungsbild dominiert die Ausmalung von 1629. Als Luther hier wohnte, war dieser Raum weiß gekalkt.

Zuletzt wurde das Lutherhaus 2001/02 umfassend saniert und mit einem modernen Eingangsbau erweitert. Es ist das *größte reformationsgeschichtliche Museum der Welt* und erzählt in einer neu-

gestalteten umfangreichen Ausstellung vom Leben und Werk des Reformators sowie von seiner Familie. Das 2004 an der Südseite freigelegte Gebäudefragment erwies sich bei näherer Untersuchung als der Turmanbau, in dem sich Luthers Arbeitszimmer aber auch sein stilles Örtchen befanden.

Lutherhaus
06886 Lutherstadt Wittenberg, Collegienstraße 54 • Tel.: 03491-4203118 • *ÖZ:* April bis Okt. täglich 9-18 Uhr, Nov. bis März Di-So 10-17 Uhr • *Führung* nach Anmeldung
www.martinluther.de

„Reformationsaltar" (1547) von Lucas Cranach d. Ä.
im Chor der Stadtkirche St. Marien

Wittenbergs ältestes Gebäude ist die dreischiffige gotische **Stadtkirche St. Marien**, **Luthers Predigtkirche**. Ihre heutige Gestalt erhielt die Kirche durch den Neubau der Westtürme und des Kirchenschiffs, der um 1411 begann. Die gotischen Spitztürme wurden 1556 durch die achteckigen Aufsätze mit den Türmerwohnungen ersetzt, die eine Brücke miteinander verbindet. Ein wichtiger Erweiterungsbau geht auf eine Entscheidung des Kurfürsten Johann Friedrich des Großmütigen zurück, der am 12. Mai 1535 beschloss, die Geistlichen in seinem Herrschaftsgebiet künftig in Wittenberg zu ordinieren. Bis zu Luthers Tod umfasst die Liste der Ordinierten 740 Namen. Mit der Erneuerung des Chordachs der Kirche baute man 1569/71 zugleich über der Sakristei die "Ordonandenstube" ein.

Als Luther sich auf der Wartburg versteckt halten musste, gab sich die Gemeinde in Wittenberg unter Leitung Karlstadts eine neue Kirchenordnung. Darin wurde beschlossen: "die Bild und Altarien in der Kirchen sollen auch abgetan werden, damit Abgötterei zu vermeiden, dann drei Altaria ohn Bild genug sind." Die Umsetzung des Beschlusses gipfelte in zwei Bilderstürmen, denen sechzehn Nebenaltäre des 14. und 15. Jahrhunderts zum Opfer fielen.

Blick vom Markt auf die Westtürme von St. Marien

Nach seiner Rückkehr las Luther seiner Gemeinde erst einmal die Leviten und predigte acht Tage lang über sein Verständnis des Evangeliums. Diese Predigten sind als **Invokavitpredigten** berühmt geworden. Luther verlangte, auf diejenigen Rücksicht zu nehmen, die noch dem alten Glauben anhingen, und niemandem mit rechtlicher oder physischer Gewalt das Evangelium aufzuzwingen. Die Kanzel, von der er seiner Gemeinde ins Gewissen redete, gehört heute zu den Ausstellungsstücken des Lutherhauses. Als eine Kostbarkeit der vorreformatorischen Zeit blieb das bronzene Taufbecken von Hermann Vischer d. Ä.,

Stadtkirche St. Marien
06886 Lutherstadt Wittenberg, Jüdenstraße 35 • Tel.: 03491-404415 • Bis Ende 2014 wegen Sanierung geschlossen. **ÖZ:** Ostern bis Okt. Mo-Sa 10-18 Uhr, So 10.30-18 Uhr, Nov. bis zur Karwoche Mo-Sa 10-16 Uhr, So 11.30-16 Uhr
Führung nach Anmeldung
www.stadtkirchengemeinde-wittenberg.de

dem Stammvater der berühmten Nürnberger Erzgießerfamilie, aus dem Jahre 1457 erhalten.

Ein eindrucksvolles Beispiel für die Kunst der Reformationszeit ist zweifelsohne der *von Lucas Cranach d. Ä. und dessen Sohn geschaffene Altar* im Chor der Stadtkirche. Das Mittelfeld bildet das Abendmahl der Apostel ab, zu denen auch der als Junker Jörg dargestellte Martin Luther gehört. Es wird Cranach d. Ä. zugeschrieben und vor 1539 datiert. Die Flügel zeigen Philipp Melanchthon, assistiert von Lucas Cranach d. Ä., bei einer Taufe (links) und Johannes Bugenhagen als Beichtvater (rechts). Auf der Predella unter der Mitteltafel erblickt man den predigenden Luther vor seiner Wittenberger Gemeinde. Diese Bilder stammen von Cranach d. J., der sie 1547 vollendete.

Außerdem schmückt eine Reihe von Bildern, überwiegend Epitaphe, den Chorraum. Die älteste Grabtafel erinnert an den 1513 verstorbenen Martin Pollich von Mellerstadt, erster Rektor der Universität und Leibarzt Friedrichs des Weisen. Bemerkens-

wert sind noch einige Epitaphien von Lucas Cranach d. J., so für Johannes Bugenhagen, für dessen Tochter Sara Cracow und für den Theologieprofessor und Stadtpfarrer Paul Eber. Letzteres veranschaulicht, wie Luther, Melanchthon und Bugenhagen den Weinberg des Herrn pflegen, hingegen die Papisten ihn verwüsten. Diese Darstellung ist eine deutliche Anspielung auf den Wortlaut der Bannandrohungsbulle "Exurge Domine" von 1520, in der Luther als Wildschwein und Weinbergzerstörer des Herrn angegriffen wird.

Das auf der Südseite des Chors außen angebrachte frühgotische Relief wird als "Judensau" bezeichnet. Dieses Schmäh- und Spottbild von 1304 wurde 1570 mit einer Inschrift versehen, die sich auf eine Schrift Luthers aus dem Jahre 1543 bezieht: "Vom Schem Hamphoras und vom Geschlecht Christi". In den Pflasterbereich davor ließ der Bildhauer Wieland Schmiedel 1988 eine Bronzeplatte ein, die sich auf die Reliefinschrift darüber bezieht und zugleich eine Verbindung zu den sechs Millionen Juden herstellt, die im Zweiten Weltkrieg in deutschen Vernichtungslagern ermordet wurden.

Das 1536 erbaute Haus in der Collegienstraße 60 (heute **_Melanchthonhaus_**) ist ein Geschenk des Kurfürsten Johann Friedrich I. an Philipp Melanchthon. Es wurde ganz nach den persönlichen Bedürfnissen seines berühmten Bewohners errichtet. Seit 1518 war dieser in Wittenberg ansässig, hatte aber zunächst sehr kärglich im Nachbarhäuschen gewohnt.

45

Das auffallende Haus mit seinem fünfgeteilten Kreissegmentgiebel, der in gleicher Form auch die Hofseite gliedert, hat die Zeiten im Wesentlichen ohne große Veränderungen überdauert. Im Jahre 1845 erwarb der preußische Staat das Gebäude und richtete hier eine Dienstwohnung für den Lehrer der Lutherschule ein. Im Obergeschoss befindet sich die sogenannte Melanchthonstube, das Arbeits- und Sterbezimmer des großen Gelehrten. Die Ausstattung des Studierzimmers wurde 1897 nach Vorlagen des

Melanchthonhaus
06886 Lutherstadt Wittenberg, Collegienstr. 60 • Tel.: 03491-4203110 • *ÖZ:* April bis Okt. täglich 10-18 Uhr, Nov. bis März Di-So 10-17 Uhr
www.martinluther.de

Germanischen Nationalmuseums Nürnberg im altdeutschen Stil angefertigt. Der Ofen aus der Zeit um 1600 ist ein Geschenk der Stadt. Im Garten hinter dem Haus, der schon zu Melanchthons Zeit existierte, steht ein Steintisch mit der Inschrift "P. Melanchthon" und "1551". Die beiden Eiben standen wohl schon zu Zeiten des berühmten Hausherrn und sind mehr als 400 Jahre alt.

Von 2010 bis 2013 wurde das Haus instand gesetzt und um einen modernen Neubau erweitert. Die Besucher haben jetzt die Möglichkeit, auf einem weitgehend barrierefreien Rundgang das Haus zu erkunden.

Das ***Lutherdenkmal*** auf dem Markt zu Wittenberg ist von allen Lutherstandbildern das älteste. Bereits Anfang des 19. Jahrhunderts wollte die "Vaterländisch-literarische Gesellschaft in der Grafschaft Mansfeld" ein Lutherdenkmal errichten. Aus den eingereichten Entwürfen wurde 1805 der von Johann

Melanchthon-Haus (Hofseite)

Gottfried Schadow ausgewählt. Er orientierte sich an dem von Lucas Cranach d. Ä. geschaffenen Bildtyp: Luther als Doktor der "Gottesgelahrtheit", wie Schadow sagte. Das zögerliche Verhalten Friedrich Wilhelms III. und die napoleonische Fremdherrschaft verhinderten zunächst, diesen Plan zu verwirklichen.

Als ruhigere Zeiten anbrachen, entschied der König, das Standbild nicht in Eisleben, sondern in Wittenberg aufzustellen. 1817 erfolgte die Grundsteinlegung und drei Jahre später wurde das Denkmal auf dem Marktplatz enthüllt. Entgegen den Vorstellungen Schadows erhielt es einen gotisierenden Baldachin nach Schinkels Entwurf und auf besonderen Wunsch des Königs einen Sockel aus "vaterländischem" Granit.

Das Denkmal für Philipp Melanchthon entstand anlässlich seines 300. Todestages. 1857 beauftragte man Heinrich Drake mit der Ausführung, 1865 wurde es neben dem Lutherdenkmal auf dem Marktplatz aufgestellt. Aus diesem Grunde musste sich das von Drake geschaffene Standbild formal dem von Schadow weitgehend anpassen. Drake wählte für sein Melanchthonbild den Augenblick der Übergabe des Augsburger Bekenntnisses. Der Reformator ist als Typus des humanistischen Wissenschaftlers dargestellt, was ein lateinisches Zitat Melanch-

thons am Sockel verdeutlichen soll: "Wenn wir die Seelen auf die Quellen richten, fangen wir an, Christus zu verstehen."

Das **Schloss**, in dem Luther häufig Gast war, wurde 1489 bis 1525 unter Friedrich dem Weisen erbaut. Von der prächtigen dreigeschossigen Anlage ist nach mehrfacher Zerstörung und vielen Umbauten nur der Hauptflügel des Westteils mit seinen mächtigen Ecktürmen und den zwei offenen Wendelsteinen erhalten. Heute beherbergt das Schloss das Julius-Riemer-Museum

Lutherdenkmal

47

Schlosskirche Allerheiligen

mit einer bemerkenswerten Sammlung zur Natur- und Völkerkunde.

Wie kein anderes Bauwerk ist die
Wittenberger **_Schloss- und Stifts-
kirche_** mit Anfang und Ende des
reformatorischen Wirkens Luthers
verbunden. Dem einstigen Hort
der kostbaren Reliquiensammlung
Friedrich des Weisen haben Thesenanschlag und Grabstätte des großen
Reformators einen neuen Sinn ge-
geben. Zunächst dem Fürstenhaus
vorbehalten, stand die am 17. Januar 1503 geweihte Schlosskirche ab
1507 auch der Universität zur Ver-
fügung. In der Schlosskirche fand
im Oktober 1512 Luthers Promotion zum Doktor der Heiligen Schrift
statt. Hier wirkten auch Andreas Bodenstein (genannt Karlstadt), Justus Jonas und Georg Spalatin, die

wesentlich an der Durchsetzung
der Reformation beteiligt waren.
So teilte Karlstadt 1521 in weltlicher
Kleidung das Abendmahl in beider-
lei Gestalt aus.

Die einst reiche Ausstattung ging
verloren. Im Siebenjährigen Krieg
brannte die Kirche 1760 nach Ar-
tilleriebeschuss aus. Nur die Umfassungsmauern und der untere
Turmteil sowie einige **wertvolle
Grabdenkmäler** blieben erhalten.
Die berühmte hölzerne **Thesentür** wurde ebenfalls ein Opfer der
Flammen. An ihrer Stelle besteht
seit 1857 eine monumentale zwei-
flüglige Bronzetür (Foto Seite 10).
Auf ihr sind in spätgotischen Minus-
keln alle 95 Thesen in lateinischer
Sprache wiedergegeben. Das Bild
im Bogenfeld darüber zeigt Luther

mit der Bibel und Melanchthon mit dem Augsburger Bekenntnis zu Füßen des gekreuzigten Christus vor der Stadtsilhouette Wittenbergs.

Mit der Neugestaltung des Portals begannen Mitte des 19. Jahrhunderts umfassende Restaurierungsarbeiten an der Schlosskirche nach Plänen Friedrich Adlers. Am Reformationstag 1892 fand die prunkvolle Weihe der Schlosskirche statt. In diesem Zustand präsentiert sich die Kirche noch heute. Sie beherrscht seither mit ihrer westlichen Schaufassade und dem gewaltig aufgestockten Turm das Stadtbild. Ein Mosaikband unterhalb der Turmkuppel gibt die Anfangszeile des Lutherchorals "Ein feste Burg ist unser Gott" wieder. Die Gestaltung des Innenraums ist im Stil der Spätgotik gehalten und erinnert an die Magdalenenkapelle der Moritzburg Halle.

Von den wenigen alten Ausstattungsstücken sind besonders die Grabfiguren von Friedrich dem Weisen und dessen Bruder Johann dem Beständigen erwähnenswert. Sie befinden sich vor dem Altar. In der Mitte der Kirche liegen die kleinen bronzenen *Grabplatten Martin Luthers und Philipp Melanchthons*. Am 22. Februar 1546 wurde der aus Eisleben nach Wittenberg übergeführte Leichnam Luthers vor der Kanzel beigesetzt. Die schlichte Grabplatte ist 1550 gegossen worden. Melanchthon, der 1560 starb, wie Luther dreiundsechzigjährig, fand seine letzte Ruhestätte gegenüber Luthers Grab, gleich hinter der Thesentür. Seine Grabplatte wurde der Luthers nachempfunden.

Die *Kanzel* ist in Anlehnung an die Kanzel der Annenkirche in Annaberg gestaltet. Die Brüstung zeigt die vier Evangelisten und darunter die Wappen der Städte, die in Luthers Leben bedeutungsvoll waren: Eisleben, Erfurt, Wittenberg und Worms. Am Choreingang erheben sich die *Standbilder für Luther und Melanchthon*. Außerdem wird der Reformatoren mit Statuen auf Kandelabersäulen vor den Strebepfeilern gedacht. Es sind dies auf der Nordseite: Nikolaus Amsdorf (erster evangelischer Bischof in Naumburg), Urbanus Rhegius (süddeutscher Reformator), Georg Spalatin, Johannes Bugenhagen, Philipp Melanchthon. Auf der Südseite: Caspar Cruciger (Leipzig), Johannes Brenz (Württemberg), Justus Jonas (Halle) und Martin Luther. Die Statuen schuf Rudolf Siemering, Bildhauer des Eislebener Lutherdenkmals. An der Emporenbrüstung sind Medaillons von Vorläufern und Förderern sowie Wappen von Städten der Reformation angebracht.

Schlosskirche und Schloss
06886 Lutherstadt Wittenberg,
Schlossplatz
Tel.: 03491-402585
Schlosskirche Allerheiligen
ÖZ: Wegen Bauarbeiten bis 2017 nur zu Gottesdiensten und Musikveranstaltungen geöffnet • *Baustellenführungen* täglich nach Anmeldung
www.schlosskirche-wittenberg.de
Museum im Schloss
ÖZ: Di-So 9-17 Uhr

Die Erinnerung an die Reformation setzt sich in den *Glasfenstern* fort. Von den ursprünglich 198 Wappen deutscher Städte, die frühzeitig die Reformation durchgesetzt hatten, sind noch 128 erhalten. Das reiche Bildprogramm, das bei der Erneuerung verwirklicht wurde, war ganz im Sinne Kaiser Wilhelms II., der die Schlosskirche als ein "Sanktuarium der ganzen evangelischen Christenheit" sehen wollte. Die Schlosskirche wurde zur Gedächtniskirche der Reformation.

Seit dem 18. Jahrhundert steht die **Luthereiche** vor dem Elstertor, wo Martin Luther am 10. Dezember 1520 die Bannandrohungsbulle "Exurge Domine" und Schriften des Kanonischen Rechts verbrannte. Luther hatte diesen Platz wohl bedacht gewählt, verbrannte man hier sonst die Kleider der an ansteckenden Krankheiten Verstorbenen. Unter der französischen Besatzung 1813 wurde die Eiche gefällt, zum 300. Jahrestag des Augsburger Bekenntnisses 1830 eine neue gepflanzt.

50 Naumburg

Luther war das erste Mal am 5. April 1521 in Naumburg, während seiner sich zum Triumphzug gestaltenden Reise nach Worms. Auch Nikolaus Amsdorf begleitete ihn. Bürgermeister Greßler bot den Reisenden Quartier. Eine Gedenktafel an seinem Haus am Markt 3 erinnert daran. Allerdings sollen sich die Naumburger damals nicht sonderlich für den Reformator interessiert haben. Möglicherweise lag das daran, dass sie wenige Jahre zuvor für den Ablasshändler Tetzel sehr euphorisch alle Glocken geläutet haben sollen.

Trotzdem begriff das Bürgertum in den folgenden Jahren, dass die Reformation auch für sie Vorteile bringen würde. Zu sehr waren sie von der bischöflichen Macht abhängig. Der Bischof versuchte jedoch weiterhin, reformatorische Bestrebungen zu unterbinden. Obwohl 1526 in der Wenzelskirche die erste lutherische Predigt gehalten wurde, konnte sich die Reformation erst nach 1532 durchsetzen, als Johann der Beständige mit seiner kurfürstlichen Macht den Rat stärkte. St. Wenzel wurde um 1532 die erste evangelische Kirche der Stadt. 1540 soll Luther erneut in Naumburg gewesen sein. Ob nur auf der Durchreise oder im Zusammenhang mit dem 1537 eingesetzten Superintendenten, der das Schulwesen im Sinne der Melanchthonschen Schulordnung reformieren sollte, ist ungewiss.

Dass Luther 1542 wieder nach Naumburg kam, geschah aus überaus bedeutendem Anlass. Nach dem Tode Bischof Philipps von Naumburg musste ein Nachfolger gewählt werden. Inzwischen war Johann Friedrich der Großmütige Kurfürst geworden. Nicht nur großmütig, sondern auch konsequent, forderte er einen protestantischen Bischof. Natürlich stimmten die Domherren dagegen, aber der Kurfürst setzte sich durch.

Wenzelskirche

ten später die Grundlage für neue Stadtteile. Erst im Jahre 1832 vereinigte sich die Stadt mit der Domfreiheit.

Die **Wenzelskirche** mit ihrem steil aufragenden Turm ist eine spätgotische Hallenkirche mit sehr kurzem Langhaus und reichem plastischen Schmuck. Erstmals erwähnt wurde St. Wenzel bereits 1228. Nach einem Brand errichtete man ab 1426 einen Neubau, der lange Zeit unvollendet blieb. In der heutigen Form entstand die Kirche zwischen 1517 und 1523. Jedoch bereits im 17. Jahrhundert begann man, sie im Stile des Barock auszugestalten. Vom 67 Meter hohen Turm, der heute eine barocke Haube trägt, bietet sich ein wunderschöner Ausblick über die Stadt.

Zu den Kostbarkeiten im Kircheninneren gehören ein barocker Hochaltar mit beweglicher Altarwand und ein reich verziertes Orgelgehäuse. Besonders wertvoll unter einer Vielzahl von Grabmalen und Bildwerken sind die beiden Gemälde von Lucas Cranach d. Ä. "Anbetung der Könige" und "Jesus als Kinderfreund". Im letztgenannten bekennt er sich deutlich zu re-

Sein Wunschkandidat soll eigentlich Luther gewesen sein. Man einigte sich dann, dieses wichtige Amt dem ehemaligen Magdeburger Stadtprediger **Nikolaus von Amsdorf** anzuvertrauen, der als enger Freund stets auf Luthers Seite stand. Am 20. Januar 1542 weihte Luther Nikolaus von Amsdorf im Dom St. Peter und Paul zum ersten und einzigen evangelischen Bischof des Bistums Naumburg-Zeitz. Anwesend waren neben dem Kurfürsten auch Melanchthon und Bugenhagen.

Einen Tag später predigte der neue Bischof anlässlich seines Amtsantritts in der Zeitzer Schlosskirche, begleitet von seinen Mitstreitern. Nikolaus von Amsdorf nahm diese Aufgabe sehr ernst und setzte die Reformation in seinem Bistum vehement durch. So wurden auch die Klöster St. Georg und St. Moritz säkularisiert. Sie bilde-

Stadtkirche St. Wenzel
06618 Naumburg, Topfmarkt 8
Tel.: 03445-201516 • **ÖZ:** Mai bis Sept. 10-17 Uhr, April und Okt. 13-15 Uhr

Kunstwerke im Inneren. An erster Stelle stehen die zwölf Stifterfiguren des namentlich unbekannten "Naumburger Meisters" im frühgotischen Westchor. Eine Besonderheit ist, dass die Dargestellten keine Heiligen waren, sondern Markgrafen mit ihren Gemahlinnen, am bekanntesten wohl das Paar Ekkehard II. und Uta.

Weitere Kunstwerke des Naumburger Meisters und seiner Werkstatt sind im Dom unter anderem der Diakon mit Lesepult am Ostlettner, Reliefs am Westlettner und eine Bischofstumba. Wertvoll sind ebenfalls mehrere Altäre aus dem 14. und 15. Jahrhundert, Chorgestühl von 1260, Gemälde, Figurenfriese, Glasmalereien und Grabdenkmäler. Eine Luther-Skulptur aus den dreißiger Jahren des 20. Jahrhunderts und eine Schrift an der Kanzeltreppe aus dem Choral "Ein feste Burg ist unser Gott" sollen an die Bischofsweihe erinnern.

Ostteile des Naumburger Doms

formatorischen Auffassungen. Unter anderem sind auf dem Tafelbild Amsdorf, Katharina von Bora und drei Kinder Luthers dargestellt. Das Werk "Luther mit dem Schwan" von einem unbekannten Maler stammt aus dem 17. Jahrhundert.

Der **Naumburger Dom** gehört zu den wertvollsten spätromanisch-frühgotischen Baudenkmälern in Europa. Mit dem Bau des heutigen Domes begann man etwa 1210, Erweiterungen und Anbauten folgten im 13. und 14. Jahrhundert. Die dreischiffige zweichörige Gewölbebasilika ist das Wahrzeichen der Stadt. Um 1500 erhöhte man die romanischen Osttürme, die sich heute mit barocken Hauben von 1711/13 präsentieren. Größte Berühmtheit erlangte der Naumburger Dom vor allem wegen seiner einmaligen

Dom mit Domschatz
06618 Naumburg, Domplatz 16/17 • Tel.: 03445-2301133 • *ÖZ:* März bis Okt. Mo-Sa 9-18 Uhr, So/Fei 12-18 Uhr, Nov. bis Febr. Mo-Sa 10-16 Uhr, So/Fei 12-16 Uhr • *Führung:* März bis Okt. 10 (So 12), 14 und 17 Uhr, Nov. bis Febr. 11 (So 12) und 14 Uhr, englischsprachig auf Anfrage
*www.*naumburger-dom.de

Stolberg/Harz

Zur Zeit der Reformation regierte in Stolberg Graf Botho III., auch der Glückse-lige genannt. Durch eine reiche Heirat besaß er neben der Grafschaft Stolberg-Wernigerode weitere ausgedehnte Ländereien im Rheinland. Der Graf stand der Reformation nicht ablehnend gegenüber.

In kirchlichen Dingen vertraute der Stolberger Graf ganz dem Oberpfar-rer Tilmann Plattner, der sich schon früh zu Luther bekannte. Schrittwei-se änderte er die Kirchenordnung im reformatorischen Sinne. Bis zu sei-nem Tode 1538 blieb Graf Botho III. zwar ein Altgläubiger der römischen Papstkirche, doch verfolgen ließ er seine lutherischen Untertanen nie. Nach Luthers Auftritt in Worms war er selbst tief beeindruckt vom Reichstag heimgekehrt.

Martin Luther hielt sich am 20. und 21. April 1525 in Stolberg auf. Er wohnte im Haus seines Schwagers, des gräflichen Rentmeisters Reifenstein, am Markt. Auf seiner Reise durch die

Aufstandsgebiete folgte Luther einer Einladung des Grafen zu Stolberg, mit dem er gut bekannt war, um die erhitzten Ge-müter der Stolberger zu besänftigen. Auch hier hatten die aufrühreri-schen Gedanken Thomas Müntzers, der um 1489 in Stolberg geboren wor-den war, die Massen er-griffen. Müntzers Idee, schon auf Erden eine Welt der Gerechtigkeit zu errichten und nicht auf den Himmel zu vertrös-ten, verstanden auch die einfachsten Menschen. Er sprach ihnen aus der Seele, als er die Tyrannei der Herrschenden an-prangerte, und sie ver-suchten, dagegen vorzu-gehen. Deshalb fruchtete Luthers Predigt in der

Thomas-Müntzer-Denkmal (1989)

Stadtkirche St. Martini, die "gottgewollte Obrigkeit" zu respektieren, bei den Stolbergern nicht.

Am 2. Mai 1525 stürmten ungefähr zweitausend Bauern, Bergleute und Handwerker die Burg und zwangen Graf Botho III., ihre "24 Artikel", die Wiederherstellung alter Rechte und Freiheiten, anzuerkennen. Doch nach der Niederlage des Bauernheeres am 15. Mai 1525 bei Frankenhausen nahm Graf Botho III. blutige Rache an den aufständischen Bürgern. Auf

Schloss Stolberg (Harz)
06536 Südharz OT Stolberg
Schlossberg
ÖZ: Di-Fr 11-16 Uhr, Sa/So 11-17 Uhr • **Führung** nach Anmeldung in der Tourist-Information unter Tel.: 034654-454 und info@stolberger-schloss.de
www.stolberger-schloss.de

dem Galgenberg (Thyrahöhe) wurden neun von ihnen enthauptet.

Halle (Saale)

54

Im Jahre 1514 kam Albrecht von Brandenburg als neuer Landesherr nach Halle. Mit seiner Wahl zum Erzbischof von Mainz wurde er 1514 zum mächtigsten Kirchenfürsten in Deutschland. Die Schulden, die er für seine Wahl beim Bankhaus Fugger machte, sollten durch den Ablasshandel getilgt werden. So erschien Tetzel mit seinem berühmten Ablasskasten auch in Halle. Allerdings wurde hier sein Auftritt von den Bürgern nicht gern gesehen.

Die Bemühungen Albrechts, die lutherische Lehre von Halle fernzuhalten, blieben erfolglos. Die Übersetzung des Neuen Testaments wurde in Halle eifrig gelesen, ebenso die anderen Schriften Martin Luthers. Als 1541 Justus Jonas auf Einladung des Rates in der Marktkirche die erste evangelische Predigt hielt und aufgefordert wurde, zu bleiben, gab der Erzbischof den Kampf auf und verließ Halle. 1541 gilt daher in der Stadt als das Jahr der Einführung der Reformation.

Auf Luthers Empfehlung wurde **Justus Jonas** 1544 vom Rat der Stadt zum Superintendenten bestellt. Luther selbst kam 1545 nach Halle. Er hielt in der Marktkirche eine Predigt, so wie auch bei seinem letzten Besuch der

Saalestadt im Januar 1546 auf seinem Weg nach Eisleben. Kurze Zeit später stand der treue Freund Justus Jonas dann in Eisleben dem sterbenden Luther in seinem letzten Kampf zur Seite. Als der Leichenzug am 20. Februar 1546 Halle erreichte, erwiesen viele Bürger dem Reformator die letzte Ehre. Unter großer Anteilnahme wurde Luthers Leichnam in der Sakristei der Marktkirche aufgebahrt und ein Trauergottesdienst gehalten.

Ursprünglich standen auf dem Hallenser Markt zwei Kirchen aus romanischer Zeit. Im Jahre 1529 ließ Albrecht von Brandenburg die Kirchen St. Gertruden und St. Marien bis auf die jeweiligen Turmpaare

Im Besitz der Marienbibliothek der Marktkirche befinden sich die Abgüsse der **Totenmaske** und der Hände Luthers.

abbrechen und zwischen ihnen die heutige *Marktkirche* errichten. Die Baumeister Caspar Kraft und Nickel Hofmann schufen bis 1554 damit eine der großartigsten spätgotischen Hallenkirchen. Als Luther 1545 in Halle weilte und hier predigte, war der Kirchenbau noch nicht vollendet. Das Ehrengeschenk von sechzig Gulden, das ihm der Rat überreichte, stiftete Luther für den Weiterbau der Marktkirche.

Im Inneren tragen schlanke Pfeiler das tonnenförmige dichte Netz- und Sterngewölbe. An der Bronzetaufe von 1430 wurde 1685 Georg Friedrich Händel getauft. Der Hauptaltar aus dem Jahre 1529 zeigt in der Mitteltafel die Anbetung Marias durch Kardinal Albrecht. Die Kanzel aus Sandstein, von der Martin Luther predigte, entstand 1541, der figurenreiche Schalldeckel 1596. Gegenüber der Kanzel befindet sich das Bild des ersten evangelischen Predigers in Halle Justus Jonas.

An der nach 1549 eingebauten Empore sind das Reliefbild Luthers und eine Inschrift angebracht: "SANCTUS DOCTOR MARTINUS LUTHERUS PROPHETA GERMANIEA DECESSIT ANNO 1546 NATUS 1483 DOCUIT ANNO 1517" (Der heilige Doktor Martin Luther Prophet Deutschlands gestorben im Jahre 1546 geboren im Jahre 1483 gelehrt im Jahre 1517) und das Wappen von Justus Jonas mit einer Inschrift: "ANNO 1541 DOCTOR JUSTUS JONAS HIC EVANGELIUM RESTAURAVIT" (Im Jahre 1541 hat Doktor Justus Jonas hier das Evangelium wiederhergestellt). An der Ostseite der Kirche wurde 1883 zum 400. Geburtstag Martin Luthers eine Gedenktafel mit einem Portraitmedaillon enthüllt.

Auf seiner Reise nach Eisleben 1545 und 1546 wohnte Luther im *Haus "Zum Goldenen Schlösschen"*. Hier soll die Wohnung seines Freundes Justus Jonas gewesen sein. Das dreistöckige Haus in der Schmeerstraße 2 mit gotischer Fassade verdankt seinen Namen einem Relief, das ein Vorhängeschloss zeigt. Eine Gedenktafel am Haus erinnert an Luthers Aufenthalt.

55

Marktkirche Unser Lieben Frauen
06108 Halle (Saale),
An der Marienkirche 2
Tel.: 0345-5170894 • **ÖZ:** März bis Dez. Mo-Sa 10-17 Uhr, So 15-17 Uhr, Jan./Febr. Mo-Sa 11.30-16 Uhr, So 15-16 Uhr • Besichtigung der Totenmaske zu den Öffnungszeiten möglich
www.marktkirche-halle.de

Eisenach

Als sich Luther in der Stadt aufhielt, war Eisenach eine stille Stadt mit engen und ungepflasterten Straßen. Jeder zehnte der etwa viertausend Einwohner soll dem geistlichen Stand angehört haben. Sieben Klöster, drei Kirchen, mehrere Kapellen und Spitäler prägten das Stadtbild. Luther behielt Eisenach in guter Erinnerung und nannte es "meine liebe Stadt". Auf der Wartburg übersetzte er Jahre später das Neue Testament ins Deutsche, oder besser, in die Meißner Kanzleisprache, die in allen Teilen Deutschlands verstanden wurde.

Vier Jahre verbrachte Luther in Eisenach, um seine in Magdeburg begonnene **"höhere" Schulausbildung** fortzusetzen. Er besuchte die Eisenacher Lateinschule von St. Georg, die damals einen überaus guten Ruf in deutschen Landen hatte. Als ihn sein Vater aus Magdeburg fortnahm, hoffte er wohl, dass die Eisenacher Verwandtschaft den jungen Martin beherbergen könnte. Ob sein Onkel Konrad Hutter ihn nicht aufnehmen konnte oder wollte, ist nicht geklärt. Jedenfalls kam Luther zunächst im Spital der St. Georgskirche unter.

Später nahm die Patrizierwitwe Ursula Cotta den Jungen bei sich auf. Er bewohnte zwei kleine Zimmer. Heinrich Schalbe, der mit den Cottas verschwägert war, gab ihm täglich ein Mittagessen, dafür musste Luther dessen Sohn bei den Hausaufgaben beaufsichtigen. Wie schon in Magdeburg verdiente er sich mit dem Kurrendesingen ein Zubrot.

In seinen Gastfamilien begegnete Luther einer wahren Frömmigkeit, die sich nicht nur auf das Befolgen der kirchlichen Gebote beschränkte. Er lebte in einem Haus, in dem die Menschen rücksichtsvoll und freundlich miteinander umgingen und der

Vater kein rächender Gott war, der die kleinste Verfehlung mit Prügel strafte. Die Schalbes galten als eine der frömmsten Familien der Stadt. Ihre großzügigen Stiftungen an die Franziskaner ermöglichten die Gründung des Kollegiums Schalbense. Luther erfuhr die Geschichte des Franziskanermönchs Johann Hilten, der von seinen Ordensbrüdern gefangen gehalten wurde, weil er wortgewaltig gegen kirchliche Missstände gepredigt und aus den Worten der Propheten den Sturz des Papsttums für das Jahr 1516 vorausgesagt hatte. 1501 beendete Luther die Schule, in der er mit Eifer seine Lateinkenntnisse vervollkommnet hatte.

Zwanzig Jahre später kam Luther erneut nach Eisenach. Er war auf dem Weg nach Worms, um sich vor dem Kaiser zu verantworten. In Eisenach soll Luther am 9. oder 10. April 1521 gepredigt haben. Am 1. Mai war er wieder in der Stadt, nachdem er in Worms seine Meinung nicht widerrufen hatte. Trotz Verbots hielt Luther unter großer Anteilnahme der Bevölkerung am nächsten Tag eine Predigt in der Georgenkirche. Am 3. Mai reiste er nach Möhra, dem Heimatort der Familie Luder und hielt am 4. Mai unter der Linde auf dem Dorfplatz eine Predigt. Schon am Tag zuvor soll er eine geheime Nachricht erhalten haben, weniger befahrene Wege zu benutzen. Am späten Abend des 4. Mai wurde der Reisende dann tatsächlich nahe Schweina "überfallen" und zu seiner Sicherheit auf die Wartburg gebracht.

Als **"Junker Jörg"** lebte Martin Luther hier bis zum März 1522. Nur im Dezember 1521 verließ er heimlich die Burg, um nach Wittenberg zu reisen. Auf der Wartburg begann er kurz vor Weihnachten mit der Übersetzung des Neuen Testamentes und brachte diese Arbeit in nur elf Wochen zum Abschluss. Diese Leistung ist umso bemerkenswerter, weil er sich nicht auf Nachschlagewerke und andere bereits vorhandene Übersetzungen stützen konnte. Auch eine einigermaßen brauchbare Bibliothek war nicht vorhanden, schließlich war die Burg eine militärische Einrichtung. Ganz allein auf sein ausgezeichnetes Gedächtnis, seine soliden Latein- und Griechischkenntnisse, den griechischen Urtext und die offizielle lateinische Übersetzung gestützt, schuf er mit seinem ungewöhnlichen Sprachempfinden eine Übersetzung mit Worten der Alltagssprache, die Maßstäbe setzte.

Die **Stadtkirche St. Georg** wurde vermutlich durch den Landgrafen Ludwig III. gegründet und 1182 erstmals urkundlich erwähnt. Als Schüler an der Georgenschule war Luther von 1498 bis 1501 hier Chorknabe.

Auf seiner Reise nach Worms predigte der Reformator am 9. oder 10. April in der Georgenkirche. Auch auf seiner Rückreise hielt er hier am 2. Mai 1521 eine Predigt, obwohl ihm dies untersagt war.

1523 wandte sich der Baseler Theologe Jakob Strauß in seinen Predigten gegen den Zinswucher. 1525 schlossen sich rund 500 Eisenacher, durch die radikalen Predigten des Jakob Strauß aufgebracht, den aufständischen Bauern an. Sie

Stadtkirche St. Georg

plünderten Kirchen und Klöster, sodass Thomas Müntzer die Eisenacher Gemeinde ermahnen musste, es nicht arg zu treiben. Nach der Zerstörung im Bauernkrieg, nur die Umfassungsmauern blieben stehen, stellte man St. Georg 1554 bis 1560 als erste protestantische Kirche Thüringens wieder her. Die Westfassade, die Eingangshalle und der Turm wurden 1898 bis 1902 nach italienischem Vorbild erbaut. Die Kirche wurde 1944 stark beschädigt, war aber bereits 1947 soweit wiederhergestellt, dass Gottesdienste stattfinden konnten.

Im Inneren der Kirche befinden sich einige für die Reformationsgeschichte bedeutende Denkmäler. Im Chor links neben der Sakristei steht die *Grabplatte des Nikolaus von Amsdorf*, der 1565 in Eisenach starb. Amsdorf war Mitstreiter und Mitreformator sowie ein enger Freund Martin Luthers, den er auf mehreren Reisen begleitete, so auch nach Worms. 1542 setzte ihn Luther in Naumburg als ersten evangelischen Bischof ein. Auf kurfürstlichen Befehl war Amsdorf nach 1546 in Gotha, Weimar und Magdeburg tätig, ehe er 1552 nach Eisenach übersiedelte.

Rechts neben der Sakristeitür erinnert eine Inschrift an den *Franziskanermönch Johann Hilten*. Bereits Ende des 15. Jahrhunderts hatte er das Erscheinen eines Reformators für das Jahr 1516 prophezeit. Dieser Spruch ist auch auf der Gedenktafel zu lesen: "Es wird bald ein Held aufstehen, der euch Mönche hart angreifen wird." Den Gedenkstein für Hilten ließ 1638 die Herzogin Christine von Hessen errichten.

Zur Erinnerung an die erste Jahrhundertfeier der Reformation veranlasste Herzog Johann Ernst I., im Jahre 1618 ein *Doppelgemälde* an der Nordseite des Chores anzubringen.

58

Ehemaliges Portal (1563) am Lutherhaus

Stadtkirche St. Georg
99817 Eisenach, Markt
Tel.: 03691-213126 · **ÖZ:** April
bis Okt. täglich 10-12.30 und
14-17 Uhr, Nov. bis März täglich
10-12 und 14-16 Uhr

Lutherhaus Eisenach
99817 Eisenach, Lutherplatz 8
Tel.: 03691-29830
ÖZ: täglich 10-17 Uhr. Bis zur
Neueröffnung 2015 dient das
historische Creutznacher-Haus
am Markt dem Museum als
Ausweichquartier.
www.lutherhaus-eisenach.de

Das rechte Bild zeigt die kurfürstliche Familie beim Abendmahl, wobei Johann der Beständige von Martin Luther den Kelch gereicht bekommt und Friedrich der Weise von Jan Hus das Brot. Diese Darstellung ist einem Holzschnitt aus der Cranach-Werkstatt nachempfunden. Das linke Tafelbild stellt die Übergabe der Augsburger Konfession an Karl V. dar. Es ist die Kopie eines Konfessionsbildes vom Ende des 16. Jahrhunderts. Das Original befindet sich in der St. Johanniskirche in Schweinfurt. In der Vorhalle der Kirche steht seit 1939 das Standbild Johann Sebastian Bachs, der 1685 in der Georgenkirche getauft wurde.

Lutherhaus zu sein, diesen Anspruch erheben in Eisenach mehrere Häuser. Wo Martin Luther als Lateinschüler wohnte, darüber gehen die Nachrichten und Meinungen auseinander. Als offizielles Lutherhaus gilt seit 1817 das Haus am Lutherplatz. Es gehörte nicht Konrad und Ursula Cotta, sondern den Brüdern Konrads, Friedrich und Johann Cotta. Luther hielt sich zwar des Öfteren hier auf, dass er aber in den zwei Stuben im Obergeschoss wohnte, dazu gibt es keinen sicheren Hinweis. Seit 1866 trägt der Platz vor dem Haus den Namen des Reformators.

Das dreigeschossige Eckhaus ist eines der schönsten Fachwerkhäuser der Stadt. Sein heutiges Aussehen verdankt das im Kern gotische Haus einem Umbau im Jahre 1563. Es gehörte seit 1561 dem Baumeister der Georgenkirche Hans Leonhard, dessen Steinmetzzeichen am Rundbogen der Einfahrt zu sehen ist. 1944 wurde das Haus bei einem Luftangriff stark beschädigt, nach Kriegsende aber wieder aufgebaut. Das Lutherhaus wird derzeit saniert und soll 2015 mit einer neuen Ausstellung eröffnet werden.

Seit 1956 befindet sich hier eine **Luthergedenkstätte**, die über den Aufenthalt des jungen Luther in Eisenach und auf der Wartburg informiert. Zur Ausstellung gehören vier Historiengemälde. Ferdinand Pauwels und Paul Thumann fertigten sie 1871 bis 1873 für das Reformationszimmer der Wartburg. Es sind dies: Der Schüler Luther singt vor Frau Cotta, das Verhör durch Kardinal Cajetan 1518, Luthers Ankunft auf der Wartburg und Luther als Junker Jörg in Jena. Besonders wertvoll sind aber die **Cranach-Bilder** "Luther als Mönch" von 1520, "Luther mit Doktorhut" von 1521, und "Luther als Junker Jörg" von 1522. Die Bilder von Luthers Eltern und von seiner Frau entstanden nach Cranach-Vorlagen.

59

Lutherdenkmal am Karlsplatz

Das Eisenacher **Lutherdenkmal** auf dem Karlsplatz wurde von Adolf Donndorf geschaffen und, wie die Inschrift auf dem Granitsockel besagt, "Errichtet am Erinnerungstag von Luthers Ankunft auf der Wartburg. 4. Mai 1895". Adolf Donndorf war ein Schüler Ernst Rietschels und vollendete nach dessen Tod 1861 das Lutherdenkmal in Worms. Donndorf übernahm in seiner Gestaltung den Typ des Schadowschen Denkmals in Wittenberg. Als Vorlage diente ein Holzschnitt von Cranach d. Ä. aus dem Jahre 1546. Auch sind gewisse Ähnlichkeiten zum Wormser Lutherbild zu erkennen. Luther im langen, faltenreichen Talar hält mit beiden Händen die Bibel, sein Blick und seine Haltung drücken Entschlos-

senheit aus. Die Sockelreliefs stellen Szenen aus Luthers Eisenacher Zeit dar. Auf der Rückseite sind die Anfangsworte des Chorals "Ein feste Burg ist unser Gott" zu lesen.

Die ehemalige **Pfarrschule St. Georg** stand südlich der Georgenkirche. Beim Bau der neuen Residenz 1507 wurde sie abgerissen und zunächst in Richtung Barfüßerkloster verlegt. Von dort siedelte die Schule 1544 in das ehemalige Dominikanerkloster um. Am 1872 umgebauten Kloster befindet sich für die beiden berühmtesten Schüler eine Gedenktafel, die an Martin Luther und Johann Sebastian Bach erinnert. Luther erweiterte auf der Georgenschule seine Lateinkenntnisse. Die Namen zweier seiner Lehrer sind überliefert: Wigand Guldennapf und Johannes Trebonius. Für Guldennapf setzte sich Luther 1526 beim Kurprinzen Friedrich Johann ein, damit ihm eine Altersversorgung von dreißig Gulden gewährt würde.

Südlich von Eisenach erhebt sich weithin sichtbar die **Wartburg**. Der Überlieferung zufolge gründete Ludwig der Springer 1067 auf dem 394 Meter hohen Fels die Burg, urkundlich erwähnt wird sie erstmals 1080. Sie war Hauptsitz des Geschlechts der Ludowinger, die 1131 bis 1247 die Landgrafenwürde innehatten und die Anlage prächtig ausbauten. Unter Herrmann I. entwickelte sich die Burg zu einem Zentrum höfisch-ritterlicher Kultur. Hier weilten so berühmte Minnesänger und Dichter wie Walther von der Vogelweide, Wolfram von Eschenbach und Heinrich von Veldeke. 1206

Wartburg

99817 Eisenach,
Auf der Wartburg 1 • Tel.: 03691-
2500 • **ÖZ:** Besichtigung nur mit
Führung! April bis Okt. täglich
8.30-17 Uhr, englische Führung:
13.30 Uhr, Burgtor-Schließung
20 Uhr, Nov. bis März täglich
9-15.30 Uhr, Burgtor-Schließung 17 Uhr
www.wartburg-eisenach.de

oder 1207 soll auf der Wartburg der Wettstreit der Minnesänger stattgefunden haben.

Kurfürst Friedrich der Weise veranlasste die Unterbringung des gebannten und geächteten Martin Luther auf der Wartburg. Mit diesem Aufenthalt vom 4. Mai 1521 bis 1. März 1522 wurde die Burg in späterer Zeit zu einem Sinnbild der Reformation. In den folgenden Jahrhunderten geriet die Anlage aber zunächst fast in Vergessenheit und verfiel immer mehr. Zur Erinnerung an Luthers Wartburgaufenthalt, die Wiederkehr des 300. Jahrestags der Reformation und den 4. Jahrestag der Leipziger Völkerschlacht trafen sich 1817 auf der Burg die deutschen Burschenschaften zum Wartburgfest. Ab 1838 wurde die Burg als ein nationales Denkmal wiederhergestellt und durch neoromanische und neogotische Bauten ergänzt. 1952 bis 1967 und 1980 bis 1983 wurde sie umfangreich restauriert.

Bei den Rekonstruktionsarbeiten im 19. Jahrhundert veränderte man das Torhaus, das Ritterhaus und die Vogtei. Der Bergfried, die Neue Kemenate und die Torhalle wurden neu aufgebaut. In der Vogtei, im ersten Burghof, liegt die **Lutherstube**. Der

61

Elisabethkemenate auf der Wartburg

UNESCO-Weltkulturerbe Wartburg

Nürnberger Erker, welcher der Vogtei ein romantisches Aussehen gibt, wurde 1872 angefügt. Die Vogtei war der Sitz des Burghauptmanns Hans von Berlepsch, der Luther im Glasbachgrund "gefangen nahm".

Luther bewohnte in der Vogtei zwei Räume, Stube und Kammer. Hier übersetzte er das Neue Testament. Der Raum hat mit der Wandverkleidung, dem Fußboden und der Fensteranordnung den Charakter der Lutherzeit bewahrt. Im Jahre 1845 fand man unter dem Wandanstrich Namen und Daten, die "Lutherpilger" seit dem 16. Jahrhundert eingeritzt hatten.

An der Nordwand, der Tür gegenüber, stand einst ein Kamin. Ein niedriger Durchgang führte zu einem kleinen, fensterlosen Schlafgemach. An der Kaminseite befand

sich der mehrfach erneuerte **legendäre Tintenfleck**. Diese so hartnäckig gepflegte Legende hat ihre Wurzeln in einem Lutherausspruch aus den "Tischreden": "Ich habe den Teufel mit Tinte vertrieben." Gemeint waren damit freilich seine mit Tinte geschriebenen Werke, mit denen er den Teufel bekämpfte.

Die Ausstattung ist ein Werk des 19. Jahrhunderts, das die Weimarer Großherzogin Maria Pawlowna finanzierte. Zu diesem Zweck wurde 1811 aus dem Möhraer Lutherhaus ein Tisch erworben, der noch heute Mittelpunkt des Raumes ist (Foto Seite 15). Der ursprüngliche Tisch war von Andenkenjägern zu Kleinholz gemacht worden. Seit 1931 liegt auf dem Tisch ein Exemplar der Gesamtausgabe von **Luthers Bibelübersetzung**. Bei Hans Lufft 1541 in

64

Vorhof der Wartburg mit Blick zur Vogtei, in der sich die Lutherstube befindet

Bibel, gedruckt von Hans Lufft

Wittenberg gedruckt, enthält sie Einträge Luthers, Melanchthons und anderer Reformatoren. Nach und nach wurde die Ausstattung vervollständigt, ein Wandschränkchen, zwei Armstühle und der legendäre Walfischknochen, angeblich Luthers Fußschemel, kamen hinzu. Der Kachelofen, seit 1842 an der Stelle des Kamins, stammt aus dem 17. Jahrhundert und wurde im Bauschutt gefunden. 1854 stellte man schließlich noch ein Bett dazu, in dem Luther mit Gewissheit nicht geschlafen hat.

65

In seinen Briefen gab Luther nie den genauen Ort seines Aufenthalts an, sondern umschrieb ihn immer mit unterschiedlichen Namen. Einmal war er im "Reich der Vögel", "auf dem Berg", dann auf der "Insel Patmos" oder in der "Einsiedelei". Alle Bezeichnungen betonen die Einsamkeit, die Luther auf der Burg empfand. Nur einmal hielt es Luther nicht länger in seinem Gefängnis. Er reiste heimlich am 2. Dezember 1521 nach Wittenberg. Dort versuchte er, die durch Karlstadt vorgenommenen Veränderungen im kirchlichen Leben rückgängig zu machen. Am dritten Advent 1521 traf Luther wieder auf der Wartburg ein.

Seine größte Leistung während seiner Wartburgzeit war die **Übersetzung des Neuen Testaments**. Bereits im Februar 1522 schickte er vier Evangelien auf Deutsch an Melanchthon. Den Rest seines Manuskriptes beförderte er im März dann selbst nach Wittenberg. Zusammen mit Melanchthon brachte er das gesamte Manuskript in eine druckreife Form. Am 21. September 1522 lag das Neue Testament, versehen mit Holzschnitten aus der Cranach-Werkstatt, fertig vor. Daher erhielt die erste Auflage auch den Namen "Septembertestament".

Luther orientierte sich bei seiner Arbeit an der sächsischen (auch Meißner) Kanzleisprache, die im Reich die Funktion einer Amtssprache hatte, sowie an der Sprache des gemeinen Mannes. In einem Brief an Amsdorf vom 13. Januar 1522 meinte Luther: "Es ist ein großes und würdiges Werk, um welches wir uns alle bemühen sollten, da es Eigentum aller und der gemeinen Wohlfahrt gewidmet sein soll."

Erfurt

Unter den Großstädten des Deutschen Reichs nahm Erfurt zu Luthers Zeiten eine hervorragende Stelle ein. Zwanzigtausend Menschen lebten in den Mauern der Stadt. Am Anger und am Fischmarkt standen die prächtigen Häuser der Patrizier. Erfurt wurde auch als das "deutsche Rom" gepriesen, denn 21 Pfarr-, vier Stifts- und elf Klosterkirchen prägten die Stadtsilhouette. Luther sagte später in seinen Tischreden: "Erfurt steht am besten Ort, ist eine Schmalzgrube. Da müsste eine Stadt stehen, wenn sie gleich wegbrennete."

Erfurt war aber auch geistiger Mittelpunkt, denn bereits 1392 hatte der Rat der Stadt eine Universität gegründet. Nach Köln war sie die zweitälteste städtische Universität und eine der berühmtesten in Deutschland. Luther war der Meinung: "Wer recht studieren will, der ziehe nach Erfurt." Und so ließ er sich im Mai 1501 immatrikulieren. Diese Matrikel ist erhalten und trägt die erste urkundliche Nennung Luthers als "Martinus luder ex mansfelt".

Zunächst absolvierte er das **Studium der "Sieben freien Künste"**. Dies war eine Art Grundstudium, in dem Grammatik, Rhetorik, Mathematik/Logik, Geometrie, Arithmetik,

Musik und Astronomie gelehrt wurden. Luther wohnte in der Georgenburse, einer der vielen Bursen der Stadt. In ihnen waren die Studenten einer strengen Aufsicht unterworfen, die auf die Einhaltung der Sitten und des Studienfleißes zielte. Schon nach einem Jahr legte Luther im September 1502 die Prüfung zum Bakkalaureus artium ab und beendete im Januar 1505 die artistische Fakultät mit dem Magister artium. Dem Wunsch seines Vaters gemäß trug Martin Luther sich in die Matrikel der Juristischen Fakultät ein und hörte bei dem damals berühmten Professor Henning Goede die ersten Vorlesungen.

Einen Monat später nahm er Urlaub, um seine Eltern zu besuchen. Auf dem Rückweg, nur noch wenige Kilometer von Erfurt entfernt, geriet der Wanderer beim **Dorf Stotternheim** in ein Gewitter. Als plötzlich mit lautem Getöse und ungeheurer Wucht ein Blitz neben ihm einschlug und ihn zu Boden riss, soll er gerufen haben: "Hilf, heilige Anna, ich will ein Mönch werden!". Am Morgen des 17. Juli klopfte er an die Pforte des "Schwarzen Klosters" in der Erfurter Comthurgasse und bat um Einlass. Die Augustiner-Eremiten galten als hervorragende Theologen

Seit 1917 steht östlich des Dorfes **Stotternheim** ein Gedenkstein an jener Stelle des Blitzeinschlags. Der rohe Granitblock inmitten eines Lindenhains trägt die Inschrift: "Geweihte Erde – Werdepunkt der Reformation – In einem Blitz vom Himmel wurde dem jungen Luther hier der Weg gewiesen – Ex Thuringia lux – Hilf Du Sankt Anna ich will ein Mönch werden – 2. Juli 1505".

und zählten zu den Mönchsgemeinschaften mit den strengsten Ordensregeln. Nach einer Probezeit und einem einjährigen Noviziat empfing Martin Luther am 3. April 1507 im Erfurter Dom die **Priesterweihe**. Bald darauf begann er das Studium der Theologie.

Im Oktober 1508 schickte ihn sein Orden nach Wittenberg, um an der seit 1502 bestehenden Universität "Leucorea" den Lehrstuhl für Moralphilosophie zu übernehmen. Gleichzeitig setzte er sein Studium fort und promovierte am 9. März 1509 zum Bakkalaureus biblicus. Im Herbst erwarb er den zweiten theologischen Grad eines Sententiars und durfte damit den Studenten das wichtigste kirchliche Lehrbuch, die "Sentenzen" des Petrus Lombardus, erklären. Schon bald befahl ihn der Orden zurück nach Erfurt. Die Hüter der Wahrheit an der Universität wollten jedoch seine in Wittenberg erworbenen akademischen Grade nicht anerkennen. Nur mithilfe seiner Ordensleitung durfte er seine Antrittsvorlesung und bis Oktober 1510 die Hauptvorlesung des Theologiestudiums halten. In diesem Monat legte er die dritte Prüfung seines Studiums ab und war damit **Magister der Theologie**.

Danach weilte Luther noch öfter in Erfurt, wenn auch nur stunden- oder tageweise. So setzte er 1516 Johann Lang als Prior über die Augustiner ein, 1521 machte er hier Station auf seiner Reise nach Worms

und 1529 auf seiner Rückreise vom Marburger Religionsgespräch. 1537 musste er die Rückreise vom Schmalkaldener Fürstentag wegen seiner Krankheit in Erfurt unterbrechen.

Zwischen Krämerbrücke, Michaelis- und Augustinerstraße liegt entlang der Gera das ehemalige Universitätsviertel. Das Straßenbild beherrscht die **Michaeliskirche** mit ihrem steilen Satteldach und den hohen Giebeln. Ihr trapezförmiger Grundriss passt sich dem Straßenverlauf von Michaelis- und Allerheiligenstraße an. Nach Gründung der Universität 1392 wurde sie zur Universitätskirche erhoben. Die Pfarrer von St. Michael waren zugleich Lehrer an der Universität, wie der Dekan der Philosophischen Fakultät Johann Bonemilch von Laspe, der 1507 Luther zum Priester weihte. Er

67

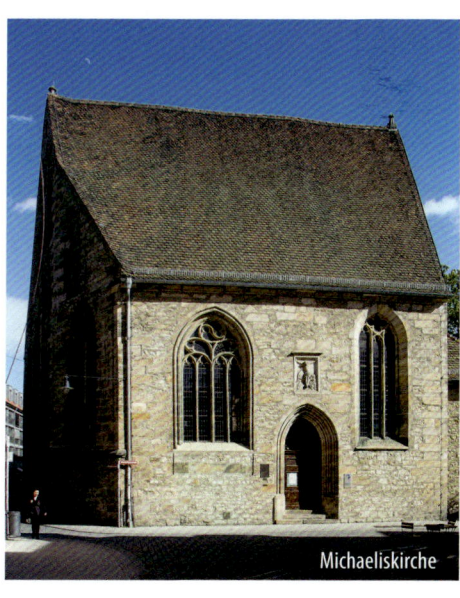

Michaeliskirche

stiftete 1500 auch die Dreifaltigkeits-kapelle am Turm der Michaeliskirche.

Neben der Augustinerkirche nahm die Universitätskirche während der Reformation in Erfurt eine führende Stelle ein. Der Magister Georg Forchheim predigte hier schon 1520 evangelisch. Luther hielt am 21. Oktober 1522 eine Predigt. Der Erfurter Reformator und Luthers langjähriger Freund Johann Lang war seit 1530 Prediger an der Michaeliskirche. Er wurde 1548 in der Kirche bestattet. Eine Inschrift an der Nordseite der Kirche erinnert an Lang und Luther: "Erbauet 1193, erweitert Ende des 14. Jahrhunderts, innerlich renoviert 1599, 1820 und zum 700. Jubelfeste 1893. Hier wirkte Dr. Johann Lang 1521-23, der Reformator Erfurts und I. Senior des ev. Ministerii, Luthers Freund. Hier predigte Dr. M. Luther am 21. und 22. Oct. 1522." Die Inschrift weicht allerdings mit ihren Angaben von anderen Überlieferungen ab.

Michaeliskirche
99084 Erfurt, Michaelisstraße
Tel.: 0361-6422090
ÖZ: Mo bis Sa 11-16 Uhr
Georgenburse
99084 Erfurt, Augustinerstr. 27
Tel.: 0361-5766038
www.augustinerkloster.de
Augustinerkloster
99084 Erfurt, Augustinerstr. 10
Tel.: 0361-576600 • **ÖZ** Kirche:
täglich ab 8 Uhr, *Kloster* inkl.
Ausstellung "Bibel-Kloster-Luther": täglich **Führungen**
www.augustinerkloster.de

Gegenüber der Michaeliskirche befanden sich im ***Collegium majus*** (heute Sitz des Landeskirchenamtes der Evangelischen Kirche in Mitteldeutschland) die Hörsäle der 1392 gegründeten Universität. Der ursprüngliche Bau, in Fachwerk errichtet, wurde beim sogenannten Erfurter "Studentenlärm" 1510 verwüstet. Im Collegium majus sammelte Luther bei den "Großen Disputationen" seine ersten wissenschaftlichen Erfahrungen und legte seine Prüfungen zum Bakkalaureus und Magister ab.

Im Hof lag die von Luther erwähnte Bibliothek, in der er zum ersten Mal eine vollständige Bibel in der Hand hielt. In den Jahren 1511 bis 1515 wurde anstelle des verwüsteten Fachwerkhauses ein zweigeschossiger Neubau errichtet, der aber erst 1525 eingeweiht wurde. In den letzten Kriegstagen 1945 brannte das Gebäude nach einem Bombenangriff völlig aus. Die geborgene spätgotische Portalanlage von 1512 baute man 1983 am ursprünglichen Platz in die alte Umfassungsmauer wieder ein.

Martin Luther wohnte als Student in der ***Georgenburse*** in der Augustinerstraße, die im Gebiet der Georgengemeinde und in Beziehung zur früher von ihm besuchten Georgenschule in Eisenach stand. In den Bursen waren die Studenten einem strengen Tagesreglement unterworfen. Es waren Studentenheime mit Lehrbetrieb. So wurden hier auch Vorlesungen und Seminare abgehalten, und bei den Prüfungen hatte der Rektor der Burse einigen Einfluss.

Die Georgenburse wurde um die Mitte des 15. Jahrhunderts von dem Ratsherrn Hartung Cammermeister gegründet, 1465 vom Rat übernommen und später an den Bürger Claus Müller verkauft. In der Burse traf Luther auf Johann Greffenstein, seinen ersten Lehrer, der damals behauptete, Jan Hus sei ohne Beweise verurteilt worden. Im Kern des Gebäudes haben sich bis heute gotische Mauerreste, Keller- und Lagerräume sowie die Rundfenster an der Gartenseite erhalten. Im 18.

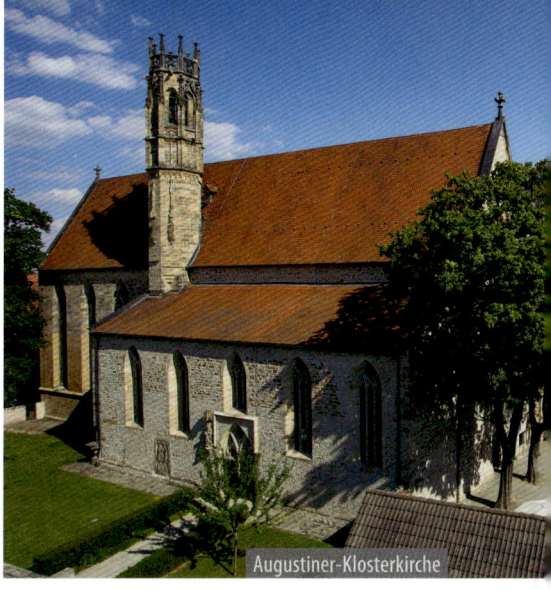

Augustiner-Klosterkirche

Jahrhundert wurde die Anlage barock umgebaut und gehörte zu einem städtischen Polizei-, Zucht- und Arbeitshaus. Seit 2010 ist hier eine internationale Begegnungs- und Bildungsstätte mit angeschlossener Pilgerherberge untergebracht.

Das ***Kloster der Augustiner-Eremiten*** wurde zwischen 1276 und der Mitte des 14. Jahrhunderts errichtet. Trotz der Zerstörungen im Zweiten Weltkrieg blieb die Anlage zum großen Teil erhalten. Die legendäre Pforte in der Comthurgasse, durch die Luther am 17. Juli 1505 das Kloster betrat, wurde im 19. Jahrhundert durch Schinkel umgestaltet und später zugemauert. An ihr ist eine Gedenktafel angebracht. Vor dem Altar befindet sich das Grab des Johannes Zacharias, auf dem Luther 1506 liegend das Mönchsgelübde ablegte. Zacharias war der schärfste Gegner von Jan Hus und sorgte mit

dafür, dass dieser 1415 in Konstanz als Ketzer verbrannt wurde.

Zu Luthers Zeit besaß die Kirche zahlreiche Altäre, darunter auch den sogenannten Augustiner-Altar von 1350. Dessen Altartafeln sind heute im Erfurter Angermuseum ausgestellt. Als Luther 1521 auf der Reise nach Worms in Erfurt weilte, predigte er am 7. April in der völlig überfüllten Klosterkirche. Dabei soll er der begeisterten Menge zugerufen haben: "Noch so will ich sagen die Wahrheit und muss es tun, sollt es mir zwanzig Hälse kosten."

Südlich an die Kirche schließen sich die Klostergebäude an. Der Kreuzhof, die Begräbnisstätte der Mönche, ist von zweigeschossigen Klausurgebäuden mit gotischem Kreuzgang umgeben. Im Obergeschoss des Ostflügels befand sich das Dormitorium, von dessen Mittelgang die Mönchszellen abzweigten. Hier bezog Luther nach seiner

Aufnahme in den Mönchskonvent eine Zelle. Den heute als Lutherzelle gezeigten Raum von zwei mal drei Metern bewohnte er erst nach seiner Romreise 1511. Gegenüber im westlichen Flügel waren die Novizen untergebracht. Ab 1561 nutzte das Ratsgymnasium diese Räume. Im südöstlichen Teil des Klostergeländes, an der Klostermauer in der Comthurgasse, erhebt sich der älteste Teil des Klosters, das Gästehaus oder Hospiz. Hier lebte Luther

bis zum Beginn seines Noviziats im September 1505. Nach seiner Übersiedlung nach Wittenberg wohnte Luther auf seinen Reisen noch mehrfach im Augustinerkloster, so im April und im Dezember 1515 auf seiner Inspektionsreise als Distriktsvikar sowie Ende März 1516, als er Johann Lang als Prior einführte.

Im ehemaligen Schlafsaal beschäftigt sich seit 2002 die Ausstellung *"Bibel-Kloster-Luther"* mit der Geschichte der Bibel und des

Chor des Erfurter Domes

Augustiner-Ordens sowie mit den Stationen Martin Luthers in Erfurt. Das Augustinerkloster ist eines von 19 Bibelzentren in Deutschland. Ein Ort der Stille und Einkehr ist das 2008 eröffnete Waidhaus.

Der heutige *Dom* entstand in drei Bauphasen von 1154 bis 1465. Als Luther in der Stadt weilte, sah die Anlage auf dem Domhügel schon so aus, wie sie der heutige Besucher erlebt. Über dem Ostflügel des Kreuzgangs liegt das Auditorium coelicum, das seinen Namen der blauen, mit Tierkreiszeichen ausgemalten Decke verdankt. Es diente der theologischen Fakultät als Vorlesungssaal. Hier hielt Luther 1509 seine erste Vorlesung. Der beeindruckende Chor wurde 1349 bis 1372 errichtet und ist 25 Meter hoch. Seine fünfzehn farbenprächtigen Glasfenster zählen zu den bedeutendsten Zeugnissen mittelalterlicher Glasmalerei. Am ältesten sind: Genesis-, Abraham-, Joseph-, Jakob-, Passions-, Apostelmartyrien-, Katharinen-, Eustachius- und Marienfenster. Bemerkenswert ist auch das reich geschnitzte Chorgestühl, das zwischen 1350 und 1360 entstand. Der Hochaltar, vor dem Martin Luther seine Priesterweihe empfing, wurde 1697 durch einen anderen ersetzt.

An der Südseite des Langhauses befinden sich die Grabdenkmäler des Weihbischofs Johann Bonemilch von Laspe, der Luther zum Priester weihte, und des berühmten Rechtsgelehrten der Erfurter Universität Propst Henning Goede, bei dem Luther sein Jurastudium aufnahm. Die bronzene Gedächtnistafel ist

> **Dom St. Marien**
> 99084 Erfurt, Severihof 2
> Tel.: 0361-6461265 · **ÖZ:** Mai bis Okt. Mo-Sa 9.30-18 Uhr, So 13-18 Uhr, Nov. bis April Mo-Sa 9.30-17 Uhr, So 13-17 Uhr
> *Führungen:* täglich 14 Uhr, für Gruppen nach Anmeldung
> *www.*dom-erfurt.de
> **Kaufmannskirche**
> 99084 Erfurt, Anger 80
> Tel.: 0361-2626962
> *www.*kaufmannsgemeinde.de

vermutlich eine Nürnberger Arbeit aus der Werkstatt Hans Vischers. Im Domschatz sind bedeutende Zeugnisse mittelalterlicher Sakralkunst, romanische, gotische und barocke Bildwerke, erhalten. Die drei Domtürme besaßen einst ähnliche Helmtürme wie St. Severi. Sie wurden jedoch im 19. Jahrhundert gegen die heutigen Turmhauben ausgetauscht. Im mittleren Turm hängt eine der größten Glocken der Welt, die "Maria Gloriosa".

Am nördlichen Ende des Angers liegt auf einer platzartigen Erweiterung die *Kaufmannskirche*, die älteste Pfarrkirche Erfurts. Ihre Anfänge reichen bis in die Gründungszeit des Erfurter Bistums 742 zurück. Die erste urkundliche Erwähnung der Kirche stammt aus dem Jahre 1248. Die heutige dreischiffige Basilika entstand 1291 bis 1368. Der Hochaltar von 1492, den Luther bei seiner Predigt 1522 noch gesehen hatte, wurde bei einem Gewölbeeinsturz 1594 zerstört. Der heutige Altar von 1625 gilt als das bedeutendste

71

Werk des Übergangs zum Barockstil in Erfurt. Die Orgel wurde 1512 von Barthel Hering geschaffen.

Gemeinsam mit Philipp Melanchthon weilte Luther vom 20. bis 22. Oktober 1522 in Erfurt. Er hatte seinen Aufenthalt in Weimar unterbrochen, um hier zu predigen. Von drei Predigten hielt er zwei am 22. Oktober in der Kaufmannskirche. Darin wandte er sich gegen Ketzer und Heiligenverehrung, aber auch gegen den Papst als Mittler zwischen Gott und den Menschen. Dafür pries er umso mehr den rechten Glauben, wie er ihn aus der Bibel las. Zur Erinnerung an die Predigten ließ die Stadt zum 400. Jahrestag der Reformation eine Gedenktafel anbringen. Die Inschrift lautet: "Am 22. Oktober 1522 predigte in der Kaufmannskirche D. Martin Luther vom Kreuz und Leiden eines rechten Christenmenschen. 1917."

Das *Lutherdenkmal* vor der Kaufmannskirche wurde von Fritz Schaper anlässlich des 400. Geburtstags Luthers geschaffen, allerdings erst 1889 errichtet. Das Denkmal ist eine Variation des Wittenberger Typs und zeigt den Reformator auf der Bannbulle stehend und mit beiden Händen die Bibel haltend. Am rotbraunen Granitsockel weisen drei Bronzereliefs auf Luthers Wirken in Erfurt hin – als Student, im Kloster und beim Einzug in die Stadt auf seiner Reise nach Worms. Die Vorderseite des Sockels trägt die Inschrift: "Dr. Martin Luther. Ich werde nicht sterben, sondern leben. Psalm 118, V. 17."

Die *Klosterkirche der Franziskaner* in der Barfüßerstraße ist eine dreischiffige gotische Basilika vom Ende des 13. Jahrhunderts. Sie ist die dritte Bettelordenskirche in Erfurt und liegt inmitten der Stadt am Ufer der Gera. Schon 1522 diente die Kirche den Anhängern der Reformation als Pfarrkirche. Während des Bauernkrieges 1525 wurde die Barfüßerkirche wieder katholisch, bald darauf aber erneut von den Evangelischen in Besitz genommen. Im Dreißigjährigen Krieg erhielten die Franziskaner Kloster und Kirche zurück, wurden jedoch dann von den Schweden vertrieben.

Auf seiner Rückreise vom Marburger Religionsgespräch predigte Martin Luther am 11. Oktober 1529 in der Barfüßerkirche zum Buch Johannes 5,44. Er wandte sich gegen Rottengeister, Sakramentierer und Wiedertäufer, sprach vor allem über die Bedeutung der Bibel und darüber, dass er sich vor ihr wie ein Elementarschüler fühle. Diese Predigt ist in einer Nachschrift überliefert.

Das *Haus "Zur hohen Lilie"* am Domplatz ist eines der schönsten Frührenaissancehäuser Erfurts. Seit dem 14. Jahrhundert war es Herberge für hohe Gäste der Stadt. Neben zahlreichen Bischöfen, Grafen und Herzögen weilte hier beispielsweise Schwedenkönig Gustav Adolf. Und auch Luther war Gast dieses Hauses. Während seines heimlichen Abstechers als Junker Jörg von der Wartburg nach Wittenberg soll er hier gespeist und mit einem Pfaffen heftig disputiert haben. Dabei hätte er sich fast um Kopf und Kragen geredet. In den 1960er Jahren wurde das Haus umfassend rekonstruiert.

Weimar

Luther weilte sehr oft in Weimar, das erste Mal im September 1518. Er reiste seinerzeit nach Augsburg zum Verhör durch den päpstlichen Legaten Cajetan und soll im Kloster der Franziskaner gewohnt haben. Es wird berichtet, dass sich der Provisor des Klosters gesorgt habe, dass man Luther ebenso wie Jan Hus verbrennen würde. Ob Luther seine Predigt "Vom sündhaften Laster der Scheinheiligkeit und Selbstgefälligkeit" damals in der Schlosskirche oder in der Klosterkirche hielt, ist nicht genau erwiesen.

1521 war er erneut in Weimar, diesmal auf seinem Weg nach Worms, und predigte in der Stadtkirche. Als Luther im Oktober 1522 nach Erfurt reiste, soll er auf der Hin- und Rückreise mindestens vier Predigten in Weimar gehalten haben. Herzog Johann ließ es sich nicht nehmen, selbst dabei zu sein. Er soll Luther auch angeregt haben, im Sinne seiner Predigt vom 24. Oktober zur geistlichen und weltlichen Obrigkeit, den Aufsatz "Von weltlicher Obrigkeit, wie weit man ihr Gehorsam schuldig sei" zu veröffentlichen. Die Aussagen darin gehören zu den wichtigsten Grundsätzen der Lutherschen Auffassung der Reformation. Luther trennte sehr deutlich die geistliche von der weltlichen Macht. Er billigte den weltlichen Oberen ihre Selbstständigkeit zu, setzte aber auch bei ihnen Gottesfurcht voraus. Zugleich räumte er ihnen das Recht ein, "das weltliche Regiment", wenn nötig, mit Gewalt durchzusetzen. Hierin äußerte sich wiederum ganz klar die absolute Obrigkeitstreue Luthers, von der er nicht abzubringen war.

Ehemaliges Residenzschloss
mit bedeutender Cranach-Sammlung

Deshalb lehnte er auch jegliche revolutionären Bestrebungen während des Bauernkrieges ab. Er bekämpfte die **Feinde der Reformation** ebenso wie die radikaleren Reformatoren Andreas Bodenstein, genannt Karlstadt, oder Thomas Müntzer. So wurde Müntzer im August 1524 auf das Weimarer Schloss beordert und wegen seiner Allstedter Predigt gegen die Fürsten verhört. Auch mit den Angriffen gegen Karlstadt begann Luther von Weimar aus. Obwohl sich Karlstadt von Müntzer distanziert hatte, machte Luther zwischen ihnen keinen Unterschied. Beide verletzten mit ihrer Auflehnung gegen die weltliche Obrigkeit einen für ihn prinzipiellen Grundsatz.

Während sich die Weimarer von Luthers Predigten beschwichtigen ließen und die Stadt von Aufständen verschont blieb, zogen die Soldaten Friedrichs des Weisen von der Weimarer Residenz aus in die Schlacht nach Frankenhausen. Die Texte der Luther-Predigten dieser Zeit sind überliefert. Das Weimarer Archiv bewahrt auch die Archiv-Unterlagen der Wittenberger Universität – ideale Voraussetzungen für die **Weimarer Luther-Gesamtausgabe von 1883**.

Cranach-Flügelaltar im Chor der Herderkirche

Auch 1525, 1529, 1530 und 1537 weilte Luther noch mehrmals in der Residenzstadt. Im Juni 1540, als Melanchthon in Weimar schwer erkrankt war, reiste Luther sofort zu ihm und betete für den Freund an dessen Krankenlager. Melanchthon war überzeugt, dass er ohne Luthers Beistand gestorben wäre. Zum letzten Male hielt sich der Reformator im Juli 1540 in Weimar auf. Wo Luther während seiner zahlreichen Besuche in Weimar gewohnt und gepredigt hat, ist heute nicht mehr genau belegbar.

Im April 1528 nahm Luther gemeinsam mit Melanchthon an wichtigen Gesprächen im *Weimarer Schloss* teil. Johann der Beständige und Philipp von Hessen verhandelten über ein Schutzbündnis der protestantischen Fürsten. Während Landgraf Philipp von Hessen der Kriegsgefahr mit einem Angriffskrieg gegen die katholischen Fürsten begegnen wollte, überzeugte Luther seinen Kurfürsten, sich zurückzuhalten.

Als während des Stadtbrandes 1424 Schloss Hornstein niederbrannte, blieb von der mittelalterlichen Burganlage, die zum Teil noch aus Fachwerkbauten bestand, nur wenig erhalten. Der Wiederaufbau der Schlossanlage begann bereits in den Jahren nach 1424. Vom Schloss, so wie Luther es damals sah, ist heute fast nichts mehr übrig. Mehrere Brände sorgten für Zerstörungen, Um- und Neubauten. Selbst die einstige Burgkirche aus der Zeit um 1250 ist nicht mehr erhalten. In der Schlosskapelle soll Luther 1530 mehrfach

Schloss und Schlossmuseum
99423 Weimar, Burgplatz 4
Tel.: 03643-545400
ÖZ: April bis Okt. Di-So 10-18 Uhr, Nov. bis März Di-So 10-16 Uhr · *Führung* Sa 11 Uhr, für Gruppen nach Anmeldung
www.klassik-stiftung.de
Herderkirche
99423 Weimar, Herderplatz 8
ÖZ: April bis Okt. Mo-Fr 10-18 Uhr, Sa 10-12 und 14-16 Uhr, So 11-12 und 14-16 Uhr, Nov. bis März täglich 11-12 und 14-16 Uhr · *Führung* Mo-Fr 17 Uhr (Buchung über Tourist-Info unter Tel.: 03643-7450)
www.ek-weimar.de

75

gepredigt haben, als ein großes Gefolge von etwa achtzig adligen Herren und Reformatoren auf dem Weg zum Augsburger Reichstag war.

Seit 1923 beherbergt das Schloss mit erwähnenswerter klassizistischer Innenarchitektur die Weimarer Kunstsammlungen. Auf zahlreichen Werken in der **Lucas-Cranach-Galerie** ist Luther dargestellt. Ebenso sind Bildnisse seiner Gemahlin Katharina von Bora sowie der Förderer und Gefährten des Reformators zu sehen.

Zwischen 1498 und 1500 wurde die Weimarer *Stadtkirche (Herderkirche)* auf den Mauern eines Vorgängerbaus errichtet. Unter dem Patronat des Deutschritterordens entstand eine spätgotische dreischiffige Hallenkirche mit einem lang gestreckten Chor und einem steil aufragenden Dach mit Dachreiter. Auch der erhalten gebliebene

Turm der 1424 abgebrannten Kirche wurde in den Neubau einbezogen. Luther predigte mehrmals in der Weimarer Stadtkirche, die damals eine noch kostbarere Innenausstattung besaß. Reste des Hochaltars sind jetzt in den Kunstsammlungen im Schloss zu finden. Die Kanzel, von der Luther damals predigte, ist im Wesentlichen noch erhalten. Besonders wertvoll ist das dreiflüglige **Altargemälde von Lucas Cranach d. Ä.**, das zu den wichtigsten Altarwerken der Reformation zählt. Sein Sohn Lucas Cranach d. J. vollendete es 1555. Auf dem Mittelteil ist die Kreuzigung Christi als Allegorie zum Thema Erlösung durch den Glauben

dargestellt, wie sie Luthers Auffassung entsprach. Cranach bezog auch Luther selbst in das Gemälde ein, stellte den Reformator im schwarzen Talar mit der Bibel in der Hand, sozusagen als Mittler zwischen der Heiligen Schrift und den Lebenden, in unmittelbare Nähe des Gekreuzigten. Daneben ist auch Cranach auf dem Altarbild zu sehen.

Als zu Beginn des 18. Jahrhunderts in der Kirche Reparaturen notwendig wurden, ließ man gleich noch Emporen einbauen und die gesamte Inneneinrichtung im Stile des Barock umgestalten. Ab 1776 war Johann Gottfried Herder hier siebenundzwanzig Jahre Superintendent.

1803 fand er in der nach ihm benannten Kirche seine letzte Ruhestätte. Die Stadtkirche bewahrt viele wertvolle Grabdenkmäler des ernestinischen Fürstenhauses aus dem 16. und 17. Jahrhundert. Auch die **Original-Grabplatte von Lucas Cranach d. Ä.** befindet sich seit 1859 hier. Das Luther-Triptichon von 1572, auch Luther-Schrein genannt, stellt den Verehrten als Mönch, als Junker Jörg und als Magister dar.

1945 wurde die Herderkirche von Bomben schwer beschädigt. Für den Wiederaufbau spendete unter anderem Thomas Mann den ihm verliehenen Goethe-Nationalpreis. Seit 1953 ist die Kirche überwiegend im gotischen Stile restauriert, Chor und Langhaus wurden wiederhergestellt.

Cranach-Haus

Das **Cranach-Haus** am Marktplatz, von Nickel Gromann 1547 bis 1549 für den Kanzler Brück umgebaut, zählt zu den schönsten Renaissancebauten in Thüringen. Reich gegliederte, ornamentierte Rundbögen und prächtige Portale zieren das Erdgeschoss bis in Höhe des ersten Stocks, ergänzt von Flachreliefs mit allegorischen Darstellungen und Wappen. Zwei Zwerchgiebel thronen auf dem hohen Dach des Doppelhauses, in dessen dritter Etage sich Cranachs Malerstübchen befand.

Hier, im Hause seines Schwiegersohnes, verbrachte Lucas Cranach d. Ä. sein letztes Lebensjahr. Während dieser Zeit entstand das, nach seinem Tod vom Sohn vollendete, dreiflüglige Altargemälde, das sich in der Stadtkirche befindet.

Altenburg

In der Reformationsgeschichte spielte Altenburg eine wichtige Rolle, war die Stadt doch zeitweilig Residenz von Kurfürst Friedrich dem Weisen und Johann dem Beständigen. Martin Luther weilte zwischen 1519 und 1544 insgesamt sechzehn Mal in Altenburg. Seine Thesen von 1517 fanden in der Stadt zunächst wenig Widerhall. Erst nach 1520 setzte hier die reformatorische Bewegung ein.

Vom 3. bis 6. Januar 1519 war Luther erstmals in Altenburg, um sich auf Wunsch seines Kurfürsten mit dem päpstlichen Nuntius Karl von Miltitz zu treffen. Im Hause Georg Spalatins, den Luther aus Erfurt kannte und der seit 1511 Kanonikus am Georgenstift war, fand das Gespräch statt. Miltitz war in diplomatischer Mission unterwegs, um die von Friedrich dem Weisen 1515 erbetenen Ablassprivilegien zu überbringen. Außerdem wollte er dem Kurfürsten den päpstlichen Orden "Goldene Rose" verleihen. Diese Auszeichnung für christliche Tugend sollte Friedrich den Weisen in Anbetracht der bevorstehenden Kaiserwahl papstfreundlich stimmen. Zuvor hatte ihn Cajetan ob seiner Unterstützung Luthers böse beschimpft. Vielleicht erhoffte er als Gegenleistung die Auslieferung des "schäbigen Bettelmönchs".

Man sprach in den zweitägigen Beratungen freundlich miteinander. Miltitz gestand ein, dass der Bischof von Magdeburg und der Ablassverkäufer Tetzel Auslöser für Luthers scharfe Reaktion waren. Dennoch versuchte er, ihn zum Widerruf zu bekehren. Luther gab zu, manchmal etwas hitzig zu sein, doch widerrufen wollte er nichts. Schließlich einigte man sich, wenigstens ein Abkommen zu schließen, das beide Seiten zum Schweigen verpflichtete. Ein vom Papst auszuwählender Schiedsrichter sollte danach Luthers Irrtümer nachweisen. Dem konnte Luther leicht zustimmen, war er sich doch seiner Sache sicher.

Auch später weilte Luther oft in Altenburg. Meist war er Gast Spalatins, der 1525 das hiesige Pfarramt übernommen hatte und 1528 Superintendent wurde.

Möhra

Die Familie Luder stammt aus Möhra. Der Vater Martin Luthers wurde hier geboren und arbeitete an diesem Ort zunächst im Kupferbergbau, da ihm als ältesten Sohn nicht das Erbe zukam. Martin Luther besuchte das Dorf am 3. und 4. Mai 1521, auf der Rückreise von Worms.

Die Familie besaß einen stattlichen Bauernhof und war seit Generationen in der Gegend ansässig. 1536 hatte sie bereits sechs Höfe. Auch in den umliegenden Dörfern lebten Teile der Familie. Martin Luther schrieb in einem Brief 1521: "Ich bin zu meiner Verwandtschaft jenseits des Waldes gereist, denn sie nehmen dort fast die ganze Gegend ein". Am 4. Mai predigte er im Freien unter der Linde auf dem Dorfplatz. Vor etwa 150 Jahren fiel dieser Baum einem Sturm zum Opfer.

Das Haus am Lutherplatz 1 wurde 1618 von einem Nachfahren der Familie anstelle des älteren Gehöfts errichtet. In dem Vorgängerbau soll Hans Luder geboren worden sein. Seit 1909 ist am Haus eine Inschrift angebracht: "Dr. Martin **Luthers Stammhaus**". 1982 wurde der ursprüngliche Zustand des zweigeschossigen Fachwerkhauses wiederhergestellt. Ob Martin Luther am 3. Mai 1521 hier gewohnt hat, ist nicht belegt. Es heißt nur, dass er bei seinem Onkel Heinz übernachtet habe.

Die heutige **Dorfkirche (Lutherkirche)** wurde in den Jahren 1699 bis 1704 errichtet, angeblich aus Material des Vorgängerbaus, in dem 1480 die Vermählung von Luthers Eltern stattfand. Reste dieses älteren Baus sind im Chor, im Triumphbogen und an der Kanzel erhalten. Das Langhaus stammt aus dem Jahre 1704. Der prächtige Orgelprospekt ist eine Arbeit aus der ersten Hälfte des 18. Jahrhunderts. Erster lutherischer Pfarrer soll 1536 bis 1540 ein Heinrich Hermann gewesen sein. Zur Erinnerung an Martin Luther wurden 1907 die drei Chorfenster von einem seiner Nachfahren gestiftet.

Im Jahre 1846 erhielt der Meininger Bildhauer Ferdinand Müller den Auftrag, ein **Lutherdenkmal** anzufertigen. Nach langwieriger Planung und Suche nach Finanzierungsmöglichkeiten konnte schließlich das in Nürnberg gegossene Denkmal am 25. Juni 1861 eingeweiht werden.

Der Figurensockel trägt vorn die Inschrift: "Unserm Luther in seinem Stammsitz, 1846". Die drei übrigen Seiten zeigen Szenen aus Luthers Leben: rechts Luther als Junker Jörg bei der Bibelübersetzung, links Luther beim Thesenanschlag und auf

Lutherkirche
36433 Moorgrund OT Möhra, Lutherplatz 2 · Tel.: 036961-732827 · **ÖZ:** täglich 8 Uhr bis zum Einbruch der Dunkelheit **Führung** für Gruppen nach Anmeldung
www.lutherstammort-moehra.de

Luthers Stammhaus mit Denkmal und der Dorfkirche im Hintergrund

der Rückseite Luthers "Gefangennahme" bei Altenstein. An den Ecken sind unter gotischen Baldachinen die vier Evangelisten zu sehen. Auf dem Sockel steht, in einem faltenreichen Gewand, Martin Luther mit der aufgeschlagenen Bibel in der linken Hand. Darin ist ein Vers aus dem Johannes-Evangelium zu lesen: "So ihr bleiben werdet an meiner Rede, so seid ihr meine rechten Jünger, und werdet die Wahrheit erkennen, und die Wahrheit wird euch frei machen."

Nachdem sich Luther gemeinsam mit Nikolaus von Amsdorf und Johannes Petzensteiner von Möhra auf den Weg nach Gotha gemacht hatte, wurde die Reisegesellschaft am Nachmittag zwischen vier und fünf Uhr im Glasbachgrund "überfallen" (heute **Luthergrund**). Die Reiter unter Führung des Ritters Hundt von Wenkheim nahmen Luther ge-

fangen, ließen seine Begleiter aber laufen. Bereits in Worms war Luther von diesem Vorhaben Friedrich des Weisen unterrichtet worden, schrieb er doch am 28. April 1521 an Lucas Cranach: "Ich lasse mich eintun und verbergen, weiß selbst noch nicht wo." Um die Spur zu verwischen, brachte man Luther über einige Umwege auf die Wartburg.

Die Nachricht vom **Überfall auf den Reformator** und von seinem Verschwinden verbreitete sich in Deutschland wie ein Lauffeuer und rief große Bestürzung hervor. Auch Albrecht Dürer, der gerade in Antwerpen weilte, erhielt die Nachricht nur wenige Tage nach dem Ereignis. In seinem Tagebuch vermerkte er am 17. Mai 1521: "Und lebt er noch oder haben sie ihn gemördert, das ich nit weiß... Oh Gott ist Luther tot, wer wird hinfürt das heilig Evangelium so klar fürtragen! Ach Gott, was hätt er uns noch in 10 oder 20 Jahrn schreiben mögen! O ihr alle fromme Christenmenschen, helft mir fleißig beweinen diesen gottgeistigen Menschen und ihn bitten, dass er uns ein andern erleuchten Mann send..."

Herzog Bernhard II. von Sachsen-Meiningen ließ im Jahre 1857 zur Erinnerung an Luthers "Gefangennahme" am Ort des Überfalls ein Denkmal errichten. Es ist ein acht Meter hoher **neogotischer Obelisk aus Sandstein**. Das von einem gusseisernen Gitter umgebene Monument trägt auf der Vorderseite

folgende Inschrift: "Hier wurde Dr. Martin Luther am 4. Mai 1521 auf Befehl Friedrich des Weisen Kurfürsten von Sachsen aufgehoben und nach Schloss Wartburg geführet. Er wird trinken vom Bache am Wege, darum wird er das Haupt emporheben. Psalm 110,7." Der Denkmalsplatz ist von Buchen umgeben. Die Lutherbuche, unter der sich Luther angeblich weltliche Kleidung angezogen haben soll, vernichtete 1841 ein Gewittersturm. Hinter dem Denkmal sprudelt eine Quelle. Aus dem "Lutherborn" soll der Reformator getrunken haben.

Jena

Martin Luther war etwa elfmal in Jena, erstmals wahrscheinlich 1521. Als Junker Jörg begab er sich heimlich auf den Weg nach Wittenberg, um Ruhe zu stiften und Einfluss auf Karlstadt zu nehmen. Den Abend dokumentierte ein Student aus der Schweiz, der mit einem Landsmann auf dem Wege nach Wittenberg war, um Luther zu sehen. Sie saßen mit dem Reformator gemeinsam zu Tische, hielten ihn jedoch für Ulrich von Hutten bis sie ihn in Wittenberg wiedersahen.

Verbürgt ist sein Aufenthalt im Gasthof "Zum schwarzen Bären" am 4. März 1522. Als Luther am 21. August 1524 nach Jena kam, zeigte er sich erzürnt über das Verhalten Karlstadts. Er setzte die Karlstadtianer gleich mit dem "Allstedter Geist", den Ideen Thomas Müntzers, und ließ sich davon nicht abbringen. Er machte Karlstadt

dafür verantwortlich, dass es nach den aufrührerischen Predigten Reinharts zu ersten Angriffen gegen die Klöster der Stadt gekommen war. Nun wollte er die reformatorische Bewegung mäßigen, sie "in geordnete Bahnen" lenken und predigte deshalb in der Stadtkirche St. Michael sehr zornig wider den "Schwarmgeist" Karlstadt und seine Verbündeten, gegen die Zerstörung von Kirchen, Bildern und gar Altären.

Karlstadt, der sich zu Unrecht angegriffen sah, bemühte sich um ein klärendes Gespräch mit Luther. Obwohl dieser nach anfänglicher Ablehnung darauf einging, blieb es erfolglos. Luther ließ sich nicht von seiner Haltung abbringen. Noch vor Ende des Jahres wurden sowohl Karlstadt als auch Reinhart und Westerburg aus ihren Ämtern entfernt und aus dem Land vertrieben. Trotzdem spitzte sich die

Original-Grabplatte Luthers

thek, neben Exemplaren des Alten und Neuen Testaments mit handschriftlichen Eintragungen Luthers, sehr viele Schriften aus dieser Zeit. Größtenteils sind sie Georg Rörer zu verdanken, dem Schwager Bugenhagens, der 1553 nach Jena kam. Er war 1525 von Luther als erster evangelischer Geistlicher zum Diakonus der Wittenberger Stadtkirche ordiniert worden und korrigierte viele Jahre lang Luthers Schriften bei Hans Lufft. In 35 Bänden dokumentierte er die Reformation, hielt Predigten, Vorlesungen und Tischreden Luthers fest. Auch vier Bände der Jenaer Gesamtausgabe von Luthers Werken hat Rörer bearbeitet.

81

Situation weiter zu. Im Frühjahr 1525 stürmten aufständische Bauern mehrere Klöster. Diese Vorfälle veranlassten Luther zu seiner kämpferischen Schrift "Wider die räuberischen und mörderischen Rotten der Bauern", die überall im Lande verbreitet wurde. Ganz in diesem Sinne soll er am 24. Mai dann wiederum mit großer Schärfe von der Kanzel in St. Michael gepredigt haben.

Luther reiste später noch oft über Jena, unter anderem 1529, 1530 und 1537. Als er von den Marburger Religionsgesprächen zurückkehrte, predigte er in der Stadtkirche St. Michael über das Gleichnis vom reichen Kornbauern. Diese Predigt ist in einer Nachschrift überliefert. Noch heute befinden sich in der Universitätsbiblio-

Die **Stadtkirche St. Michael,** eine dreischiffige spätgotische Hallenkirche (Ende 14. Jahrhundert), ist eine der größten thüringischen Kirchen. Von der mit Ornamenten und Wappen geschmückten Kanzel aus dem Jahre 1507 predigte auch Luther. Mit den Wirren der Reformationszeit und den Folgen des Schmalkaldischen Krieges ist zu erklären, daß sich in St. Michael die **Original-Grabplatte Luthers** befindet. Sie wurde 1548 nach einem Holzmodell im Auftrag Johann Friedrichs des Großmütigen in Erfurt angefertigt und stellt Luther im faltenreichen Priestergewand dar, barhäuptig und mit beiden Händen die Bibel haltend.

Stadtkirche St. Michael
07743 Jena, Kirchplatz 1
Tel.: 03641-396862 · **ÖZ:** Mo 12-16 Uhr, Di-Sa 11-16 Uhr
www.stadtkirche-jena.de

Schmalkalden

Als 1525 die Bauernhaufen das Werratal heraufzogen und vor den Toren Schmalkaldens standen, stellte sich der Rat zunächst auf die Seite der Bauern. Ein Teil der Bürger verbündete sich sogar mit den Aufständischen. Philipp von Hessen ließ die Erhebung erbarmungslos niederschlagen. Als Anhänger der Kirchenreformation Luthers begann der hessische Landgraf im Juni 1525 eigenmächtig kirchliche Neuerungen einzuführen, indem er an der Stadtkirche St. Georg einen evangelischen Prediger einsetzte. Der hennebergische Landesherr blieb ein Altgläubiger und musste ohnmächtig zusehen, wie Schmalkalden zu einer

Hochburg des Protestantismus wurde. Nach der Zurückweisung der Confessio Augustana auf dem Reichstag zu Augsburg 1530 kam es in Schmalkalden 1531 zum **Schmalkaldischen Bund**, dem Zusammenschluss der protestantischen Fürsten, Stände und Städte gegen den Machtanspruch des Kaisers und zur Verteidigung des evangelischen Glaubens.

In Schmalkalden fanden insgesamt acht Beratungen statt, die bedeutendste im Februar 1537. Achtzehn Reichsfürsten, die Gesandten Frankreichs und Dänemarks sowie 28 Reichs- und freie Landstädte waren vertreten. Eröffnet wurde die Versammlung, an der auch der kaiserliche Vizekanzler Mathias Held und der päpstliche Gesandte Petrus Vorstius teilnahmen, am 10. Februar durch den kursächsischen Kanzler Gregor Brück.

Auf Drängen des Kurfürsten Johann Friedrich fasste Luther die protestantische Lehre in den sogenannten *"Schmalkaldischen Artikeln"* noch einmal und in scharfer Form zusammen. Luther schrieb später dazu: "Dies sind die Artikel, darauf ich stehen muss und stehen will bis in meinen Tod, ob Gott will, und weiß darinnen nichts zu ändern noch nachzugeben; will aber jemand etwas nachgeben, das tue er auf sein Gewissen". Die Fürs-

In der Stadtkirche St. Georg predigte Luther 1537

82

**Stadtkirche St. Georg
mit Türmerstube**
98574 Schmalkalden,
Kirchhof 3 • Tel.: 03683-402471
ÖZ *Kirche:* Mai bis Sept. Mo-Fr
10.30-17 Uhr, Sa 10.30-16 Uhr,
Okt. Mo-Sa 10.30-15.30 Uhr,
Nov. bis April Mo-Sa 11-12 und
14-15 Uhr, *Türmerstube:* Mai bis
Sept. Mo bis Fr 10.30-16 Uhr
Führung ganzjährig Mo-Sa 14
Uhr, Gruppen nach Anmeldung
www.tourismus.schmalkalden.de

ten wollten die Artikel zur Bekennt-
nisschrift erheben, doch die Städte
sprachen sich dagegen aus. Ebenfalls
auf dieser Beratung weigerten sich die
evangelischen Stände, an dem vom
Papst nach Mantua einbe-
rufenen Reformkonzil im
Jahre 1537 teilzunehmen.
Wenn überhaupt, dann dür-
fe dieses Konzil nur in eine
deutsche Stadt einberufen
werden. Unverrichteter Dinge mussten Mathias Held
und Petrus Vorstius wieder
abziehen. Vorstius wurde
nicht einmal von den pro-
testantischen Fürsten empfangen.

Martin Luther konnte per-
sönlich kaum an den Bera-
tungen teilnehmen, schon
kurz nach seiner Ankunft
schmerzten seine Nieren.
Am 17. Februar verschlim-
merte sich sein Zustand;
ein Nierenstein verstopfte
die Harnröhre. Die Fürsten
waren in großer Sorge und

beauftragten ihre Leibärzte, sich um
den Kranken zu kümmern. Ihre Bemühungen waren vergeblich und der Leib
des Reformators schwoll weiter an.
Luther wurde schwächer und schwächer. Aber hier in Schmalkalden wollte er nicht sterben, sondern im Kreis
seiner Familie.

Am 26. Februar verließ Luther wider
alle Vernunft die Stadt. Seine Freunde
glaubten, ihn nie mehr wiederzuse-
hen. Doch ein Wunder geschah, die
holprigen und schlechten Wege des
Thüringer Waldes brachten ihm die
Rettung. Am 27. Februar schrieb Luther
seiner Frau "dass mir Gott diese Nacht
der Blasen Gang hat geöffnet, ... und
mich dünket, ich sei von neuem geboren." Aber viele Wochen noch fühlte er
sich kraftlos und elend.

Am Lutherplatz wohnte Luther
bei Balthasar Wilhelm

Mühlhausen

Als Thomas Müntzer 1524 nach Mühlhausen kam, hatte die Bürgerschaft unter Matthäus Hisolidus und Heinrich Schwertfeger schon sehr entschiedene reformatorische Forderungen aufgestellt. Der einstige Mönch Schwertfeger, bekannter unter dem Namen Pfeiffer, begann gemeinsam mit den "Achtmännern" – gewählten Vertrauensleuten der Bürgerschaft – den Kampf gegen die Obrigkeit.

Obgleich Pfeiffer zwischenzeitlich aus Mühlhausen vertrieben wurde, verbündete er sich 1524 mit dem radikalen Reformator **Thomas Müntzer**. Nach dessen Allstedter Fürstenpredigt hatte sich Luther in seinem "Brief an die Fürsten zu Sachsen wider den aufrührerischen Geist zu Allstadt" rigoros gegen ihn gewandt. Daraufhin verfasste Müntzer die Schrift "Hochverursachte Schutzrede wider das geistlose sanftlebende Fleisch zu Wittenberg". Unter seiner und Pfeiffers Führung gründeten im September 1524 etwa 200 Bürger den "Ewigen Bund Gottes".

Als Müntzer 1525 aus Süddeutschland kommend wieder in Mühlhausen eintraf, wurde er Prediger in der Pfarrkirche St. Marien. Die Kirche entwickelte sich zu einem Ort der revolutionären Bewegung. Während seiner Predigten konnte Müntzer den Bürgern seine Ideen und Ziele erklären. Hier setzten unter seiner und Pfeiffers Führung noch im Frühjahr die Mühlhäuser Bürger den alten Rat ab und wählten den "Ewigen Rat". Der neue Rat begann, die Reformation in der Stadt mit Entschiedenheit durchzusetzen. In dieser Zeit tauchte auch das spätere Symbol der aufständischen Bauern, die Regenbogenfahne, erstmals in der Marienkirche auf.

Stadt und Umgebung von Mühlhausen waren zum **Zentrum des Bauernaufstandes** geworden. Nach der Niederlage in der Schlacht bei Frankenhausen wurde die Stadt von den Fürstenheeren besetzt und verlor all ihre Rechte. Die Sieger nahmen furchtbare Rache an den aufständischen Bauern und ihren Führern. Auch Müntzer und Pfeiffer wurden nach ihrer Gefangennahme verhört, gefoltert und am 27. Mai 1525 hingerichtet. In der Marienkirche hielten die Fürsten ihre Siegesmesse ab und ließen den Sühnebrief verlesen, der schwere Reparationen einforderte und der Stadt viele Jahre lang ihre Rechte nahm.

Die **Pfarrkirche St. Marien** wurde nach 1243 auf Teilen einer aus dem 11. Jahrhundert stammenden romanischen Basilika in mehreren Bauabschnitten errichtet. Sie ist nicht nur die größte Kirche Mühlhausens, sondern nach dem Erfurter Dom die

St. Marien
Müntzergedenkstätte
99974 Mühlhausen,
Bei der Marienkirche
Tel. 03601-85660
ÖZ: Di-So 10-17 Uhr
Turmführungen: Mo 14 Uhr
www.mhl-museen.de

zweitgrößte in Thüringen. Der beinahe neunzig Meter hohe gotische Turm dokumentiert ebenso wie der überaus reiche Fassadenschmuck die einstige Rivalität zwischen Erfurt und Mühlhausen.

Die fünfschiffige gotische Hallenkirche besitzt im Hauptchor kostbare mittelalterliche Glasfenster. Zur wertvollen Innenausstattung zählen mehrere gotische Flügelaltäre, zahlreiche Bildwerke und ein Renaissance-Baldachin. Auch die Kanzel stammt aus dem 16. Jahrhundert. Über dem Portal am südlichen Querhaus befindet sich unter einer Darstellung der Königsanbetung eine Maßwerkbrüstung mit vier plastischen Figuren. Wie auf einem Altan sind hier Kaiser Karl IV. mit seiner Gemahlin und ihrem Gefolge überaus realistisch an dem Ort dargestellt, wo der Rat jeweils am Martinstag den Herrschern zu huldigen hatte.

Prächtiges Portal am südlichen Seitenschiff von St. Marien

Bad Frankenhausen

Der beschauliche Ort geriet im Frühjahr 1525 in den Brennpunkt der Geschichte. Am 15. Mai 1525 kam es auf dem Weißen Berg nördlich der Stadt zur blutigsten Schlacht im Deutschen Bauernkrieg, in der fünf- bis sechstausend Bauern, Handwerker und Bürger vom Fürstenheer brutal niedergemetzelt wurden. Seit dieser Zeit heißt der Weiße Berg "Schlachtberg".

Weithin sichtbar ragt auf dem Schlachtberg der ***Rundbau des Bauernkriegspanoramas*** aus dem historischen Schlachtgrund. Zwischen 1975 und 1989 wurde die Gedenkstätte zur Erinnerung an die Ereignisse des Mai 1525 errichtet. Sie ist mittlerweile im Blaubuch der Bundesregierung als ein "Kultureller Gedächtnisort" von besonderer nationaler Bedeutung vertreten.

Im Inneren des an ein überdimensionales Speichenrad erinnernden Rundbaus befindet sich das Monumentalgemälde ***"Frühbürgerliche Revolution in Deutschland" von Werner Tübke*** (1929-2004). In über zehnjähriger Arbeit und mit vielen Helfern empfand der Leipziger Künstler die gesellschaftlichen Zustände am Anfang des 16. Jahrhunderts in seinem Rundgemälde nach. Etwa dreitausend Figuren – Personen der Reformation und des Bauernkrieges – füllen in Tübkes altmeisterlicher Malweise die vierzehn Meter hohe und einhundertdreiundzwanzig Meter lange Leinwand und spiegeln so gleichermaßen diese revolutionäre Zeit und die tragische Niederlage ihrer Kämpfe.

Am 29. April 1525 hatten Bauern, Handwerker und Salzknechte mithilfe des vor der Stadt lagernden Bauernhaufens den Stadtrat gestürzt und das Schloss besetzt. Am 11. Mai traf Thomas Müntzer mit der Regenbogenfahne und seinem kleinen Mühlhäuser Aufgebot ein. Etwa achttausend Bauern hatten sich vor Frankenhausen versammelt, das damit zu einem der drei Zentren des Bauernaufstandes in Thüringen wurde. Am Morgen des 14. Mai erreichten die ersten Abteilungen des Landgrafen Philipp von Hessen Frankenhausen, zogen sich aber nach einem kurzen Geplänkel zurück. In der Zwischenzeit hatten die Bauern auf dem Weißen Berg eine Wagenburg errichtet. Am 15. Mai traf dann das Hauptheer ein, bis Mittag war die Wagenburg umstellt. Mehrmals wurde den Bauern ein Waffenstillstand angeboten,

Panorama-Museum
06567 Bad Frankenhausen,
Am Schlachtberg 9
Tel.: 034671-6190 • **ÖZ:** April bis Okt. Di-So 10-18 Uhr, Nov. bis März Di-So 10-17 Uhr, Juli und August auch Mo 13-18 Uhr
Führungen zur vollen Stunde April bis Okt. täglich, Nov. bis März nur Sa/So
www.panorama-museum.de

wenn sie Müntzer auslieferten. Da sie aber keinen militärischen Oberbefehlshaber hatten, breitete sich Ratlosigkeit aus; viele strömten zu der Stelle, wo Müntzer gerade predigte. In diese Versammlung ließen die Fürsten, zum Entsetzen der Bauern, mit ihren Geschützen feuern. Als Reiter dann ins Lager drangen und die Wagen den Berg hinabstießen, setzte eine wilde Flucht in Richtung Stadt ein, doch die meisten Aufständischen wurden erschlagen.

Jene, die sich in der Stadt verstecken wollten, wurden gefangen genommen oder gleich erstochen. Man entdeckte den auf einen Dachboden geflohenen Thomas Müntzer und brachte ihn auf die Burg Heldrungen. Nach grausamer Folter wurde Müntzer zusammen mit Heinrich Pfeiffer, dem Führer des Mühlhäuser Haufens, am 27. Mai bei Görmar enthauptet.

Das Tal, das vom Schlachtberg zur Stadt führt, trägt noch heute die traurige Bezeichnung "Blutrinne". Mit der Schlacht bei Frankenhausen brach der Bauernaufstand in Thüringen endgültig zusammen. Ein Gedenkstein mit der Inschrift "Bauernschlacht unter Führung von Thomas Müntzer 15. Mai 1525" und eine stilisierte Fahne mit dem Wort "FREYHEIT" erinnern an die blutigen Ereignisse in jener Zeit.

87

Am Brunnen der Weisheit – Detail des Gemäldes "Frühbürgerliche Revolution in Deutschland" von Werner Tübke, Panorama Museum Bad Frankenhausen

Torgau

Die erste Hälfte des 16. Jahrhunderts war die eigentliche Blütezeit Torgaus. Namhafte Künstler und Gelehrte wirkten hier, so die Baumeister Konrad Krebs und Nickel Gromann, der Maler Lucas Cranach d. Ä., aber besonders die Reformatoren Martin Luther, Philipp Melanchthon, Gabriel Zwilling, Johannes Bugenhagen und Justus Jonas. Ein geflügeltes Wort jener Zeit unterstreicht die Rolle Torgaus in der Reformationsgeschichte: Wittenberg sei die Mutter, Torgau die Amme der Reformation.

Im Schmalkaldischen Krieg 1547 erlitt das protestantische Lager in der Schlacht bei Mühlberg, auf der Lochauer Heide südlich von Torgau, eine vernichtende Niederlage. Kurfürst Johann Friedrich geriet in Gefangenschaft und verlor seine Kurwürde sowie Teile seines Landes, darunter auch Torgau.

Martin Luther weilte über vierzigmal in Torgau. Zum ersten Mal kam er 1516 in die Stadt, um als Distriktvikar das hiesige Augustinerkloster zu überprüfen. Seine wichtigsten Aufenthalte fallen in die Jahre 1530 und 1544. Unter Luthers Mitwirkung wurden 1530 die **"Torgauer Artikel"** verfasst. Sie bildeten die Grundlage für das Augsburger Bekenntnis. Und im Oktober 1544 bestieg Luther die Kanzel der neu errichteten Schlosskirche, um sie zu weihen. Im Jahre 1552 verstarb in Torgau Katharina Luther. Sie wurde in der Stadtkirche begraben.

Fünfzehn Meter über dem Elbufer thront das ***Schloss Hartenfels***, dessen Anfänge bis ins 10. Jahrhundert zurückreichen. Kurfürst Friedrich der Weise ließ hier ein prachtvolles Residenzschloss im Stil der Frührenaissance bauen, das zu den bedeutendsten und schönsten Schlössern dieser Zeit gehört. Der von Konrad Krebs 1533 bis 1536 errichtete Johann-Friedrich-

"Wendelstein" auf Schloss Hartenfels

Bau besticht mit seinem *"Großen Wendelstein"*. In die Schäfte der flankierenden Säulen sind Portraitmedaillons aus gebranntem Ton eingelassen, die Martin Luther und Philipp Melanchthon darstellen. Damit sollte für jedermann deutlich werden, dass die beiden Reformatoren die Stützen der kurfürstlichen Regentschaft und eine Zierde des Landes waren. Die kühn konstruierte Schneckentreppe ohne mittleren Stützpfeiler schuf die Verbindung zu den Innenräumen. Im ersten Obergeschoss befindet sich der große Festsaal, einst mit Bildwerken Lucas Cranachs d. Ä. ausgeschmückt.

Nach dem Tod des Baumeisters Konrad Krebs trat Nickel Gromann dessen Nachfolge an und baute ab 1543 den spätgotischen Flügel an der Elbseite zum kurfürstlichen Wohnsitz aus. In nicht einmal einem Jahr wurde die *Schlosskapelle* mit den angrenzenden Wohnräumen und dem "Schönen Erker" auf der Hofseite fertiggestellt. Schon am 5. Oktober 1544 erfolgte die Kirchenweihe durch Martin Luther. Ganz in seinem Sinne hatte Nickel Gromann einen schlichten und zweckmäßigen Sakralbau geschaffen, die erste protestantische Kirche überhaupt. Erstmalig äußerte sich hier der Geist der Reformation in Architektur und Kunst.

Der Altar der Schlosskirche besteht aus einer von vier Engelfiguren getragenen Platte. Diese neue Altargestaltung, ein schlichter Tisch statt einer Reliquienstätte, soll direkt auf Luther und die reformatorische Auffassung vom Abendmahl zu-

Schloss Hartenfels
04860 Torgau, Schlossstraße 27
Tel.: 03421-70140 • *ÖZ:* April bis Okt. täglich 10-18 Uhr, Nov. bis März täglich 10-17 Uhr, *Schlosskirche* wegen Restaurierung geschlossen • *Führungen* für Gruppen nach Anmeldung
***www*.**tic-torgau.de**

rückzuführen sein. Die zylindrische Steinkanzel von Simon Schröter bildet neben dem Altar das zweite Zentrum des Raumes, der sich seither kaum verändert hat. Perspektivische Reliefs an der Kanzelbrüstung stellen biblische Szenen dar: "Christus und die Ehebrecherin" als Sinnbild vergebender Gnade, den zwölfjährigen "Christus unter den Schriftgelehrten" als Symbol rechter Verkündigung und die "Vertreibung der Wechsler aus dem Tempel" als Parabel für die kämpferische Erneuerung der Kirche.

Das wichtigste Denkmal aus der Lutherzeit ist die *Dedikationstafel*, die 1545 in Freiberg gegossen wurde. Ihr lateinischer Text feiert den Stifter Kurfürst Johann Friedrich und die neue Kirche als ein Hort des Evangeliums. Im reich verzierten Aufsatz befindet sich das Portrait des Kurfürsten, die seitlichen Pilaster tragen die Medaillons seiner Söhne. Den Sockel schmückt das Bildnis Martin Luthers.

Um 1390 begannen die Arbeiten zum Bau der spätgotischen Hallenkirche ***St. Marien***, die erst Anfang des 16. Jahrhunderts vollendet wurde. Vom spätromanischen Westbau

Grabstein Katharina Luthers

angenommen, der 1523 die Nimbschener Nonnen befreite. Neben dem Altar, an der Nordseite, befindet sich der *Grabstein von Katharina Luther*. Die Verstorbene ist mit einem pelzbesetzten Mantel, Kopf- und Schultertuch bekleidet. Mit beiden Händen hält sie ein Buch. Die Umschrift des Epitaphs, soweit zu lesen, lautet: "Anno 1552 den 20. Decembr. ist in Gott Selig entschlafen allhier zu Torgau Herrn D. Martini Luthers seligen Hinterlassene wittbe Katharina ..." Im Jahre 1617 wurde der Grabstein restauriert und farblich neu gefasst.

Die *hölzerne Kanzel*, eine Arbeit des Bildhauers Georg Wittenberger aus dem Jahre 1582, trägt ein gemaltes Lutherbildnis. Damit sollte der Prediger an die Lehre Luthers erinnert werden, der selbst ab 1519 mehrfach in der Marienkirche gepredigt hatte. Unweit der Kanzel befindet sich im Südchor die Bronzegrabplatte für die 1503 verstorbene Herzogin Sophie, der ersten Frau Herzog Johanns. Die Platte wurde 1504 in der Werkstatt des berühmten Erzgießers Peter Vischer d. Ä. in Nürnberg gefertigt. Zum Andenken an die Verstorbene und zur Ehre der heiligen Anna stifteten Kurfürst Friedrich und Herzog Johann einen Altar. Die Altartafel mit der Darstellung der vierzehn Nothelfer schuf Lucas Cranach d. Ä. um 1507.

mit zwei Türmen sind Teile im heutigen Turmunterbau erhalten. Bis zur Einführung der Reformation in Torgau 1525 unterstand die Kirche dem Patronat des Zisterzienserinnenklosters in Nimbschen.

Von der spätmittelalterlichen Ausstattung ist wenig vorhanden. Im nördlichen Nebenchor steht ein gemalter Passionsaltar von 1509, der aus der Heiligkreuzkapelle stammen soll. Als Stifter wird, aufgrund der Initialen L.K., Leonhard Köppe

Gegenüber der Stadtkirche St. Marien befindet sich in der *ehemaligen Superintendentur* das evangelische Gemeindehaus. Bei der Einführung der Reformation in Torgau wählte man das ansehnlichste Gebäude unter den einstigen geistlichen Stiftungen aus und bestimmte es zum Pfarrhaus. Der Stadtpfarrer Gabriel Zwilling, genannt Didymus, bezog das Haus. In ihm hatten 1530 Luther, Melanchthon, Bugenhagen und Jonas die "Torgauer Artikel" erarbeitet, die als Grundlage des Augsburger Bekenntnisses dienten. Eine Gedenktafel, die der Bürgerverein 1883 hier anbringen ließ, erinnert an dieses Ereignis. Das Haus wurde zwischen dem 16. und 19. Jahrhundert mehrfach umgebaut.

Das *Sterbehaus Katharina Luthers* ist die einzige Gedenkstätte für die Frau des Reformators. Auf einer kleinen Tafel steht: "In diesem Haus starb Frau Käthe Luther am 20. De-

Stadtkirche St. Marien
04860 Torgau, Wintergrüne
Tel.: 03421-902671
ÖZ: täglich 10-16 Uhr
Führungen nach Anmeldung
*www.*evkirchetorgau.de
Katharina-Luther-Stube
04860 Torgau, Katharinenstr. 11,
Tel.: 03421-908043
ÖZ: täglich 10-16 Uhr

zember 1552". In jenem Jahr brach eine Pestepidemie in Wittenberg aus. Katharina Luther verließ mit ihren Kindern die Stadt und begab sich auf den Weg nach Torgau. Kurz vor der Stadt verunglückte sie mit ihrem Wagen so schwer, dass innere Verletzungen zu einer Lähmung der Gliedmaßen führten. Da sie in armen Verhältnissen lebte, brachte man sie in eine bescheidene Unterkunft, in der sie nach langem Todeskampf starb.

91

Katharina-Luther-Stube

Leipzig

Martin Luther war 1512 das erste Mal in Leipzig. Er holte sich die hier von Friedrich dem Weisen hinterlegten 50 Gulden für seine Promotion ab. Auch auf seinen Wegen nach Heidelberg, Augsburg und Altenburg 1518 und 1519 verweilte er in Leipzig und schloss dabei die Bekanntschaft mit Leipziger Patriziern wie Simon Pistoris oder Heinrich Stromer von Auerbach, Leibarzt von Kurfürst Friedrich, Kaufherr und Rektor der Universität. Zweifelsohne der wichtigste Aufenthalt Luthers war im Sommer 1519. In der Pleißenburg fand vom 27. Juni bis 16. Juli 1519 die gelehrte Disputation mit seinem ärgsten Gegner Johannes Eck statt.

Johannes Eck hatte schon 1518 Luther in Augsburg aufgesucht und mit ihm eine Disputation in Erfurt oder Leipzig vereinbart. Ende Dezember veröffentlichte er gegen Luther gerichtete Thesen, der ihn von nun an als einen seiner schlimmsten Feinde betrachtete. Er brannte darauf, ihn im wissenschaftlichen Streit zu besiegen. Ort sollte die Leipziger Universität sein. Doch die gelehrten Herren befürchteten wohl eine Ausbreitung der Lutherlehre und stemmten sich mit aller Macht dagegen. Ohne Erfolg, sie mussten sich dem Willen ihres Landesherrn beugen.

Begleitet von zahlreichen Anhängern trafen sich die Kontrahenten in der Leipziger Pleißenburg, dem Schloss Herzog Georgs. In dessen Beisein lieferten sich die Theologen ein dreiwöchiges Rededuell. Auch Thomas Müntzer war unter den Zuhörern. Eck brachte Luther in der Disputation dazu, die Entscheidungen von Konzilien und damit die Autorität des Papstes anzuzweifeln und einige Artikel des Ketzers Jan Hus als christlich zu bezeichnen, was Herzog Georg mit einem Fluch quittiert haben soll. Für Eck galt Luther damit als ein "böhmischer

Ketzer", als ein Hussit. Der Bruch mit der offiziellen Kirchenlehre war vollzogen.

Der Herzog, die Stadt und die Universität feierten den vermeintlichen Sieg des Johannes Eck, doch hatte Luther unter den Bürgern, nicht nur der unteren Schichten, viele Anhänger gewonnen. Herzog Georg war fortan ein entschiedener Gegner Luthers und hielt die Leipziger mit eiserner Hand beim alten Glauben. Wer sich ehrlich bekannte, den traf es hart. So wurde Michael Rumpf 1525 auf dem Markt enthauptet. In der Urteilsbegründung hieß es, er habe Aufruhr und Empörung geweckt, hätte die Absicht gehabt, Ratsangehörige zu erschlagen und die Stadt den aufständischen Bauern zu übergeben. Auch den Buchdruck ließ der Herzog streng überwachen. 1522 befahl er die Ablieferung aller lutherischen Schriften. Von den 3000 in der Stadt gedruckten Exemplaren des Neuen Testaments wurden aber nur vier abgegeben.

Im Dezember 1521 soll Luther als Junker Jörg nochmals in Leipzig gewesen sein und in einer Gastwirtschaft gespeist haben. Herzog Georg ließ den Fall verfolgen, jedoch ohne Ergebnis. Nach dem Tod des Herzogs

1539 führte dessen Nachfolger Heinrich die Reformation auch im albertinischen Sachsen ein. Luther ließ es sich nicht nehmen, den Leipzigern zu Pfingsten 1539 selbst Gottes Wort zu predigen. Am 24. Mai hielt er eine Predigt auf der Pleißenburg und am 25. Mai in der Thomaskirche, und immer drängte sich das Volk, den großen Reformator zu hören.

Die ehemalige **Pleißenburg** spielte militärisch nie eine besondere Rolle. Sie wurde im 13. Jahrhundert unter Markgraf Dietrich als Zwingburg über die Stadt gebaut. Drei Jahrzehnte nach der berühmten Disputation zwischen Luther und

Thomaskirche

Thomaskirche
04109 Leipzig
Thomaskirchhof 18, Tel.: 0341-222240 · *ÖZ:* täglich 9-18 Uhr
Führungen nach Anmeldung
www.thomaskirche.org

Eck in der Hofstube wurde das Gebäude abgerissen. Herzog Moritz beauftragte den Leipziger Baumeister Hieronymus Lotter mit dem Neubau der Festung in den Jahren 1550 bis 1564. Der Rat der Stadt erwarb 1895 die Anlage, ließ sie abreißen und das Neue Rathaus mit seinem 114 Meter hohen Turm errichten.

93

Als Stiftskirche der Augustinerchorherren entstand zwischen 1212 und 1222 die **Thomaskirche**. In ihrer heutigen Gestalt ist sie ein Werk des 15. Jahrhunderts. Das riesige Dach über der dreischiffigen Halle gilt als architektonische Meisterleistung. Es hat eine Neigung von 62° und ist damit das steilste Dach Leipzigs. Außerdem ist es das größte Kirchendach in Sachsen.

Pfingsten 1539 predigte Martin Luther hier zur Einführung der Reformation im albertinischen Sachsen. Eine Gedenktafel in der Kirche erinnert an dies denkwürdige Ereignis.

1950, im 200. Todesjahr Johann Sebastian Bachs, verlegte man dessen Grabstätte aus der im Krieg zerstörten Johanniskirche an den Hauptort seines Wirkens in die Thomaskirche. An der Südseite der Kirche, auf dem Thomaskirchhof, erinnert eine 2,45 Meter hohe Bachfigur des Bildhauers Carl Seffner an den bedeutenden Musiker.

Coburg

Zum ersten Mal war Luther vermutlich 1510, auf seinem Wege nach Rom, in Coburg. Sicher belegt sind die Aufenthalte 1518 und 1530. Ein Brief Luthers vom 15. April 1518 aus Coburg an Georg Spalatin bezeugt seine Station in der Stadt. An diesem Nachmittag traf Luther hier auf seiner Reise zur Disputation nach Heidelberg ein und setzte seinen Weg am nächsten Tag in Richtung Würzburg fort. Auch im Oktober 1518 kam Luther auf seiner Reise von und nach Augsburg durch Coburg.

94

Sein wichtigster Aufenthalt aber war der während des Augsburger Reichstags von 1530. Nach langer Zeit erschien der Kaiser wieder einmal persönlich auf einem Reichstag. Für ihn standen zwei Dinge auf der Tagesordnung: ein gemeinschaftliches Handeln der Reichsfürsten bei der Abwehr der Türken zu erzielen, die schon bis Wien vorgedrungen waren, und den religiösen Zwiespalt im Reich zu überwinden. Am Karfreitag 1530 erreichte die Reisegesellschaft, zu der auch Luther gehörte, Coburg. Luther wohnte vermutlich in der Propstei nahe der Morizkirche. Der Kurfürst nahm sein Quartier in der Hofapotheke am Markt. Während seines Aufenthaltes in der Stadt predigte Luther siebenmal in der Morizkirche.

Am 24. April reiste der Kurfürst mit seinem Gefolge weiter nach Augsburg. Zuvor hatte er den Nürnberger Rat gebeten, Luther während des Reichstags aufzunehmen. Den Nürnbergern war die Sache aber zu gefährlich, schließlich stand Luther noch unter Acht und Bann. So musste Luther in Coburg bleiben. In der Nacht vom 23. zum 24. April ließ der Kurfürst Luther heimlich auf die Veste über der Stadt bringen, begleitet von seinem Neffen Cyriacus

Kaufmann und dem Magister Veit Dietrich. Dieser hatte in Wittenberg bei Luther studiert und war so etwas wie dessen Sekretär und Mittelsmann.

Luther bezog in der "Steinernen Kemenate" zwei der fürstlichen Zimmer. Wie auf der Wartburg ließ er sich einen Bart wachsen, um das Incognito zu wahren. Gesundheitlich ging es ihm nicht allzu gut. Die großen Spannungen und wohl auch Ängste beeinträchtigten sein Befinden. Er hatte Kopfschmerzen, litt unter Ohrensausen und war gelegentlich einer Ohnmacht nahe. Zeitweilig konnte er weder lesen noch schreiben. Kaum hatte sich Anfang August sein Zustand gebessert, bekam er Zahnschmerzen und eine Halsentzündung. Dies alles trug dazu bei, Luthers stets vorhandene Teufelsängste zu schüren.

Ursachen für seine schlechte Verfassung waren jedoch vor allem der ungewohnte Wind und die Hitze, wohl aber auch der Wein. Von dem becherten Luther und seine Begleitung 1200 Liter während der 165 Tage auf der Veste. Neben den körperlichen Gebrechen plagte Luther vor allem die Einsamkeit. Die traurigste Botschaft, die vom Tod seines Vaters, überbrachte ihm am 5. Juni 1530 sein alter Schul-

freund Hans Reinecke. Daraufhin zog sich Luther einige Tage völlig zurück.

Trotz aller Beschwernisse bewältigte Luther auf der Veste Coburg ein immenses Arbeitspensum. Neben vieler Trost- und Ratbriefe an Melanchthon und andere Gefährten entstanden **wichtige theologische Arbeiten und sechsundzwanzig kirchenpolitische Schriften***. So beispielsweise die "Coburger Psalmen", der "Sendbrief vom Dolmetschen" und die "Vermahnung an die Geistlichen, versammelt auf dem Reichstag zu Augsburg". Die als "Augustana Luthers" bezeichnete Streitschrift wurde in 500 gedruckten Exemplaren in Augsburg vertrieben und war sehr schnell ausverkauft. Kurz vor seiner Abreise erhielt Luther am 25. September einen wichtigen Besuch von Martin Bucer aus Straßburg. Die beiden Reformatoren versuchten, im Gespräch einen Kompromiss zu ihren unterschiedlichen Auffassungen des Abendmahls zu erreichen. Im Gefolge des Kurfürsten, der sich vom Reichstag schon am 23. September entfernt hatte, verließ Luther dann am 4. Oktober 1530 die Veste Coburg.*

Die **Veste Coburg**, auf einem Dolomitfelsen über der Stadt thronend, gehört nicht nur zu den bedeutendsten, sondern mit einer Fläche von etwa dreieinhalb Quadratkilometern auch zu den größten deutschen Burgen (464 m NN). An den halbjäh-

rigen Aufenthalt Luthers erinnern die beiden Lutherzimmer sowie die Lutherkapelle. In der Lutherstube sind zumindest noch die Fenstersitze, ein gotischer eiserner Ofen und die von eichenen Pfeilern getragene Balkendecke im Original erhalten. Wertvolle Kunstwerke aus der Reformationszeit – darunter ein Lutherbildnis von Cranach – und reformationsgeschichtliche Dokumente gehören zur Ausstattung des Raumes. Die Lutherkapelle ist nicht mehr im Originalzustand erhalten. Als Luther hier täglich betete und auch das Abendmahl empfing, war sie noch eine romanische Doppelkapelle mit zwei übereinander angeordneten Räumen.

95

Veste Coburg

Die *Kunstsammlungen der Veste Coburg* bergen einen großen Schatz wertvoller Meisterwerke verschiedener Epochen. Zu den 360 000 Bänden der Landesbibliothek gehören die alte Sammlung der St. Morizkirche und etwa 840 Bibeln, so das Neue Testament von 1522 und die erste Vollbibel von 1534. Die 1860 gegründete *Luther-Bibliothek* verfügt über 700 Lutherausgaben aus dem 16. Jahrhundert.

Veste Coburg
96450 Coburg, Veste Coburg 1
Tel.: 09561-8790 • *ÖZ:* April bis Okt. täglich 9.30-17 Uhr, Nov. bis März Di-So 13-16 Uhr
Führungen April bis Okt. Sa/So/Fei 14.30 Uhr, Gruppen nach Anmeldung
www.kunstsammlungen-coburg.de

Die Lutherkapelle am Fürstenbau

Augsburg

Als sich Luther in Augsburg aufhielt, sah er eine stolze und reiche Stadt. Zahlreiche Kirchen, Klöster und prachtvolle Bürgerhäuser offenbarten Reichtum und Macht. Schon 1511, auf der Rückreise von Rom, machte der Augustinermönch Luther hier kurzzeitig Station. Sieben Jahre später, im September 1518, sollte er wieder nach Augsburg kommen. Rom verlangte, den notorischen Ketzer auszuliefern. Luther aber folgte der Vorladung nicht.

Inzwischen war auf diplomatischem Parkett ein reges Treiben um den aufmüpfigen Mönch im Gange. Friedrich der Weise, als der einflussreichste Kurfürst von Rom umworben, erwirkte beim Heiligen Stuhl, dass "sein Professor" in einer freien Stadt des Reiches gehört, nicht aber verhört werde. Nun sollte er vor dem päpstlichen Legaten, dem mächtigen und gebildeten Kardinal Cajetan, auf dem Augsburger Reichstag erscheinen. Mit klammem Gefühl und düsteren Gedanken traf Luther am 7. Oktober 1518 in Augsburg ein. In der Tat war seine Lage sehr bedenklich, denn der letzte Befehl aus Rom an Kardinal Cajetan lautete, den Ketzer vorzuführen und ihn zum Widerruf zu zwingen.

Auf Befehl seines Fürsten musste Luther einige Tage im Kloster St. Anna warten, bis der kaiserliche Geleitbrief am 11. Oktober eintraf. Am Rande des Augsburger Reichstags kam es vom 12. bis 14. Oktober 1518 im **Fuggerschen Stadtpalais** zum "väterlichen" Verhör durch den Kardinal. Viermal musste Luther erscheinen. Cajetan forderte starr und unnachgiebig den Widerruf. Dies bestärkte Luther aber darin, sein Verständnis vom wahren Glauben nicht zu verleugnen und sich nur auf sein Gewissen vor Gott zu berufen. Luther forderte das Recht zum Disput über Dinge, die zweifelhaft sind und zu denen es unterschiedliche Meinungen gibt.

Da diese Forderung auch den Widerspruch gegen die seinerzeit vorherrschende Meinung einschloss und jegliche kirchliche Autorität der Bibel unterordnete, sah die Kirche ihren ideologischen Anspruch auf Absolutheit in Gefahr. Hieraus resultierte auch die weit über das Treffen hinausreichende Bedeutung der Augsburger Gespräche. Denn während dieser Auseinandersetzungen begriff Luther endgültig, wie tief und unüber-

97

Fuggersches Stadtpalais

brückbar die Kluft zwischen der Heiligen Schrift und der päpstlich-scholastischen Lehre der Kirche geworden war. Standhaft weigerte er sich, seine "neue Lehre" zu widerrufen, da sie ihm nicht als der Heiligen Schrift widersprechend bewiesen wurde. Nun teilte ihm Cajetan mit, dass er den Bann über ihn und seine Freunde aussprechen müsse. Daraufhin floh Luther am 20. Oktober mithilfe von Augsburger Freunden aus der Stadt.

In der Zeit seines Augsburger Aufenthalts wohnte Luther im *Karmelitenkloster St. Anna*, da es kein Kloster der Augustiner in der Stadt gab. Der Prior des Klosters, Johann Frosch, der bei Luther in Wittenberg studiert hatte, empfing ihn freundlich. 1525 wurde die Kirche St. Anna als erste Kirche in Augsburg protestantisch.

1321 waren Kloster und Kirche gegründet worden. 1420 wurde nördlich des Ostchors die sogenannte Goldschmiedekapelle erbaut und 1496 erweitert. Ihre Wandmalereien zählen zu den bedeutendsten der

gotischen Zeit. Das Ehepaar Cunrad und Afra Hyrn hatte die Kapelle nach der überstandenen Pest von 1419 gestiftet. Nach dem Tode der Stifter übernahm die Goldschmiedezunft Pflege und Ausbau der Kapelle.

Bevor die Kirche 1747/49 im Inneren barock umgebaut wurde, hatte sie die Gestalt einer tonnengewölbten Basilika. So sah sie auch Martin Luther während seines Aufenthaltes im Kloster. Die Gewölbe der Seitenschiffe und des Chors waren mit Kreuzrippen gebildet. Den Kirchenraum dominiert im Westen eine 1509 von Jakob Fugger gestiftete Kapelle. Am 17. Januar 1518 geweiht, diente sie als Grablege der Familie Fugger. Noch heute betreut die Fürstlich und Gräflich Fuggersche Stiftung die Kapelle. An der Rückwand befinden sich Sandsteinepitaphe der hier beigesetzten Fugger, gefertigt von Sebastian Loscher zum Teil nach Zeichnungen von Albrecht Dürer. Die Fuggerkapelle gilt heute als das früheste und schönste Beispiel der Renaissance in Deutschland.

Im *Annahof*, an der Südfassade der Kirche, erinnert eine Tafel an den Aufenthalt Martin Luthers 1518 in Augsburg; ebenso die anlässlich seines 500. Geburtstages in einem Seitenteil der Kirche eingerichtete *Lutherstiege*. Bilder, Dokumente und Schriften halten die Erinnerung an den Menschen Luther lebendig und vermitteln Wissen zu Ursachen und Ereignissen der Reformation. So soll die Lutherstiege auch als Angebot zum Dialog statt zum Streit zwischen den verschiedenen Konfessionen verstanden werden.

St. Anna und Fuggerkapelle
86150 Augsburg
Fuggerstraße 8,
Tel.: 0821/45017-5100
ÖZ: So 10 bis 12.30 Uhr Gottesdienste, Mai bis Okt. Mo 12-17 Uhr, Di-Sa 10-18 Uhr, So/Fei 15-17 Uhr, Nov. bis April Mo 12-17 Uhr, Di-Sa 10-17 Uhr, So/Fei 15-16 Uhr • *Führungen:* Ostersonntag bis 31. Oktober und 1. Advent bis 6. Jan. um 15 Uhr
www.st-anna-augsburg.de

Worms

Anfang des 16. Jahrhunderts war Worms eine wohlhabende, kaisertreue Stadt mit einer weit zurückreichenden bedeutenden Vergangenheit. Schon seit Karl dem Großen wurden hier Reichsversammlungen und Reichstage abgehalten. Am 27. Januar 1521 eröffnete der junge Kaiser Karl V. in Worms seinen ersten Reichstag, auf dem auch über Martin Luther entschieden werden sollte.

Eigentlich hätte der erste Reichstag des neuen Kaisers, der Tradition folgend, in Nürnberg stattfinden müssen, der Stadt, in der die Reichskleinodien aufbewahrt wurden. Wegen einer dort grassierenden Seuche berief man aber den Reichstag nach Worms ein.

Viele Probleme standen 1521 auf der Tagesordnung. Vor allem wollte der Kaiser Geld und Truppen von den Deutschen, die Türken bedrohten wieder einmal das Reich und Frankreich schien, zu mächtig zu werden. Außer-

dem war über das Reichskammergericht und das Reichsregiment zu beraten und am Rande die "Sache Luther" zu erledigen. Diese überschattete jedoch den Reichstag und wuchs zu einer Kraftprobe zwischen den Reichsständen und dem Kaiser aus.

Die Stände, unter Führung Friedrich des Weisen, forderten energisch die Einhaltung der "Wahlkapitulation" von 1519, der Karl bei seiner Wahl zugestimmt hatte. Die besagte unter anderem, dass kein Deutscher vor

Größtes Reformationsdenkmal der Welt auf dem Wormser Lutherplatz

fremde Gerichte gezerrt und ohne Untersuchung im eigenen Land verurteilt werden durfte. Eigentlich wollte der Kaiser mit dem Ketzer Luther kurzen Prozess machen und aus eigener Machtvollkommenheit die Reichsacht über ihn verhängen. Doch musste er auf die deutschen Stände Rücksicht nehmen, wollte er sie für seine außenpolitischen Ziele gewinnen.

Gleichwohl war die Stimmung im Land entschieden romfeindlich. Der päpstliche Nuntius Aleander wusste zu berichten, dass 90 Prozent der Deutschen für Luther stimmten. Trotzdem versuchte Aleander mit diplomatischen Ränkespielen ein Erscheinen des von Rom Gebannten vor dem Reichstag zu verhindern. Nach zähen, wochenlangen Verhandlungen musste der Kaiser zustimmen, Luther sicheres Geleit nach Worms zu gewähren und ihn vor dem Reichstag zu verhören. Eine Disputation, die Luther wünschte, sollte nicht stattfinden. Er sollte lediglich mitteilen, ob er widerrufe oder nicht. Der Reichsherold Kaspar Sturm, genannt Deutschland, überbrachte Luther die Einladung am 26. März 1521 in Wittenberg. Binnen 21 Tagen sollte er in Worms erscheinen, freies Geleit für Hin- und Rückreise war ihm zugesichert.

Am 2. April 1521 machte sich Luther auf den Weg nach Worms, nicht ohne Bangen, konnte doch diese Reise sein Ende bedeuten. Unter dem Schutz Kaspar Sturms und des Reichswappens ging die Fahrt über Leipzig, Erfurt, Eisenach, Frankfurt am Main nach Worms. Aber der Gebannte zog durch Deutschland nicht wie ein Büßer, sondern wie ein Held. Überall wurde er mit großer Ehrerbietung empfangen, überall musste er predigen. In Erfurt geleiteten ihn gar der Rektor und der Senat der Universität in feierlichem Zug in die Stadt.

Am 16. April um 10 Uhr vormittags rollte der Wagen mit Luther und seinen Begleitern durch das Martinstor nach Worms hinein. An die hundert Ritter waren dem Ketzer entgegengeritten und eskortierten ihn wie einen Fürsten. Die Straßen der in diesen Tagen ohnehin überfüllten Stadt waren verstopft, denn ungefähr zweitausend Menschen begleiteten Luther bis zur Herberge im Johanniterhof. Bis in die Nacht hinein drängten sich hier die Besucher.

101

Am 17. April erhielt Luther die Aufforderung, um vier Uhr nachmittags im Bischofshof, wo der Kaiser wohnte, zu erscheinen. Der Delinquent kam pünktlich, doch es dauerte noch zwei Stunden, ehe er vorgelassen wurde. Der Trierer Offizial Johann von der Ecken als kaiserlicher Sprecher wies Luther darauf hin, dass er nur auf Fragen zu antworten habe. Lediglich zwei wurden ihm gestellt: Erstens, ob er der Verfasser der ausgelegten Bücher sei und zweitens, ob er bei seinen dargelegten Auffassungen bleibe oder etwas widerrufen wolle. Nachdem die Titel verlesen waren, bekannte sich Luther zu seinen Büchern, erbat aber für die zweite Frage Bedenkzeit, die ihm gewährt wurde. Noch am gleichen Abend schrieb er an den Wiener Humanisten Cuspinian, dass er nicht widerrufen werde.

Am 18. April um vier Uhr fand er sich wieder im Bischofspalais ein und musste abermals zwei Stunden warten. Diesmal führte man ihn in einen größeren Saal, der aber so überfüllt war, dass sogar einige Fürsten stehen mussten. Wieder stellte von der Ecken die Fragen vom Vortag. Luther antwortete erst in Latein, dann nochmals in Deutsch. Wie in einer Vorlesung unterteilte er seine Schriften in drei Gattungen, in erbauliche Schriften, in Schriften gegen das Papsttum und in Streitschriften gegen die Verteidiger des Papsttums. Die erste Gattung wolle er nicht widerrufen, da selbst seine Gegner sie anerkannten. Von der zweiten könne er ebenso wenig abrücken, da sonst die päpstliche Tyrannei noch schwerer auf dem deutschen Volk lasten würde, und zu einem Werkzeug der Tyrannei ließe er sich nicht machen. Auch die dritte Gattung werde er nicht widerrufen, wiewohl er zugeben müsse, mitunter in der Form zu scharf gewesen zu sein. Allerdings sei er bereit, die Schriften ins Feuer zu werfen, wenn man ihn auf Grund der Heiligen Schrift eines Besseren belehre.

Eine Disputation aber wollte man nicht. Luther wurde schroff zurechtgewiesen, man wolle von ihm nur den Widerruf hören – Ja oder Nein! Nun folgte Luthers berühmte Antwort: "Wenn ich nicht durch die Zeugnisse der Heiligen Schrift oder klare Vernunftgründe überwunden werde – denn weder dem Papst noch den Konzilien allein glaube ich, weil es feststeht, dass sie des öfteren geirrt und sich selbst widersprochen haben –, so bin ich überwunden durch die Schrift, die von mir angeführt worden ist. Mein Gewissen ist im Wort Gottes gefangen. Und ich kann und will auch nichts widerrufen, da gegen das Gewissen zu handeln

weder sicher noch einwandfrei ist. Gott helf mir! Amen." Nicht verbürgt ist der Satz: "Ich kann nicht anderst, hie stehe ich." Er erschien zum ersten Mal in der gedruckten Form der Rede Anfang Mai 1521 in Wittenberg und wurde bald zum geflügelten Wort.

Nach dieser Rede folgte noch ein kurzer Wortwechsel zwischen Luther und dem Offizial über die Unfehlbarkeit von Konzilien, doch der Kaiser hatte sich bereits zum Gehen gewandt. Er glaubte, genug von diesen Ungeheuerlichkeiten gehört zu haben, die ihm in Stichworten ins Französische übersetzt wurden. Für ihn war die Verhandlung beendet. Nun entstand ein fürchterlicher Lärm, Freund und Feind schrien durcheinander und nur mit Mühe konnte sich Luther mit seiner Leibwache einen Weg bahnen. Die Spanier riefen böse "Al fuego! – Ins Feuer mit ihm!"

Wieder im Johanniterhof fiel die Anspannung des Tages von ihm ab. Er riss die Arme hoch und rief: "Ich bin hindurch!" An den folgenden Tagen versuchten einige Reichsstände, übrigens mit Zustimmung des Kaisers, Luther zu einem Kompromiss zu überreden. Doch der ließ sich nicht erweichen und stand zu seinem Wort, zu seinem Glauben. Am 26. April verließ er am Vormittag Worms, wieder begleitet von Reichsherold Deutschland.

Die Reichsacht, die Kaiser Karl V. am 26. Mai über den unbeugsamen Mönch verhängte, machte Luther rechtlos und vogelfrei. Die meisten Teilnehmer des Reichstags waren zu diesem Zeitpunkt aber bereits abgereist. Um in der Öffentlichkeit dennoch den Eindruck zu erwecken, es sei ein

Dom St. Peter und Paul in Worms

Mehrheitsbeschluss der Reichsstände, datierte man das Wormser Edikt auf den 8. Mai zurück. Am 30. Mai loderte auf dem Marktplatz ein Scheiterhaufen. Auf ihm brannten die Schriften des gebannten und geächteten Mönchs Martin Luther. Damit sollte aller Welt deutlich werden, dass man es mit dem kaiserlichen Erlass ernst meinte. Das Wormser Edikt verbot reichsrechtlich die Reformation, doch der Spruch des Reichstags wurde in vielen Gebieten des Reiches und besonders in den Reichsstädten ignoriert. Die Reformation war nicht mehr aufzuhalten.

Der Dom St. Peter und Paul ist ein einzigartiges monumentales Bauwerk der staufischen Kaiserzeit, ein Abbild mittelalterlicher Größe.

Nur ein schmales Rundbogenportal erinnert noch an die Verbindung zwischen Dom und Kaiserpfalz, die sich unmittelbar anschloss. Ob Luther während des Reichstages 1521 als Gebannter den Dom überhaupt noch betreten durfte, ist nicht überliefert. Der Reichstag fand im Saalbau der Kaiserpfalz statt.

Dom St. Peter und Paul
67547 Worms, Lutherring 9
ÖZ: Mai bis Okt. 9-18 Uhr, Nov. bis April 10-17 Uhr • *Führung* nach Anmeldung in der Tourist-Information unter Tel.: 06241-8537306 und über das Kontaktformular unter www.worms.de **www**.wormser-dom.de

Das 1868 enthüllte **_Lutherdenkmal_** in Worms ist das größte Reformationsdenkmal überhaupt. Nach einem Entwurf des sächsischen Bildhauers Ernst Rietschel gefertigt, entspricht es ganz dem Geist der damaligen Zeit. Es ist sozusagen das bronze- und steingewordene Lied "Ein feste Burg ist unser Gott".

Monumentale Figuren und Reliefs symbolisieren die Reformationsgeschichte. In der Mitte thront, überlebensgroß Luther mit der Bibel in der Hand. Auf seinem Sockel sitzen vier Vordenker der Reformation: der Engländer Johann Wicliff, der Franzose Petrus Waldus, Jan Hus aus Böhmen und Hieronymus Savonarola aus Italien. Reliefs schmücken die Seiten des Sockels, stellen Szenen aus Luthers Leben dar sowie seine Mitstreiter und Zeitgenossen. Und natürlich sind neben Versen des Reformators auch seine zwar nicht

verbürgten, aber dennoch berühmten Worte festgehalten: "Hier stehe ich, ich kann nicht anders. Gott helfe mir. Amen."

Wie es sich für eine Reformationsgeschichte ziemt, stehen auf der Außenmauer seine Zeitgenossen. Es sind dies sein Beschützer und Landesherr Friedrich der Weise, Kurfürst von Sachsen, sowie Philipp der Großmütige, Landgraf von Hessen, gleichfalls Anhänger der Reformation; außerdem Luthers Freund und Kampfgefährte Philipp Melanchton sowie Johannes Reuchlin, der Gelehrte aus Ingolstadt. Frauenfiguren versinnbildlichen den Verlauf und die Folgen der Reformation: den Augsburger Religionsfrieden, die "Protestation" der Stadt Speyer und die Zerstörung der Stadt Magdeburg im Dreißigjährigen Krieg. Wappen auf den Mauerzinnen erinnern an die ersten evangelischen Städte.

Speyer

Für die weitere Entwicklung der Reformation kam es auf dem Reichstag von Speyer 1526 zu einem folgenreichen Kompromiss zwischen Kaiser und Reichsständen. Man verständigte sich darauf, in Sachen Wormser Edikt, also der Verfolgung Luthers und seiner Anhänger, so zu verfahren, "wie ein jeder solches gegen Gott und kaiserliche Majestät hoffe und vertraue zu verantworten."

Eigentlich wollte der Kaiser die Wiederherstellung der altkirchlichen Zustände fordern, aber er befand sich gerade im Kriegszustand mit dem Papst, der sich mit Frankreich verbündet hatte. Um den Papst nicht zu stärken, war der Kaiser zu diesem "Kuhhandel" bereit. Die zeitlich begrenzte Lösung – ein Konzil sollte letztlich alles entscheiden

– wurde in der Folge jedoch von vielen so verstanden, evangelische Landes- oder Stadtkirchen aufzubauen.

Noch einmal spielte Speyer eine wichtige Rolle im Verlauf der Reformation, als 1529 ein neuer Reichstag hierher einberufen wurde. Inzwischen hatten sich der Papst und Kaiser Karl V. im Jahre 1528 "ausgesöhnt". Nun be-

Kaiserdom
67346 Speyer, Domplatz
Tel.: 06232-102118 • **ÖZ:** April
bis Okt. täglich 9-19 Uhr, Nov.
bis März täglich 9-17 Uhr • **Führung** nach Anmeldung: domfuehrungen@bistum-speyer.de
www.dom-speyer.de

stand der Kaiser auf Wiederherstellung der alten Zustände. Da die altgläubigen Reichsstände auf dem Reichstag in der Mehrheit waren, wollten sie die Beschlüsse des Speyer Reichstags von 1526 aufheben und endlich das Wormser Edikt durchsetzen. Sie fühlten sich stark und waren zu keinen Verhandlungen mit den Evangelischen bereit.

Diese aber sahen daraufhin nur noch die Möglichkeit, eine **"Protestation" gegen den Reichstagsabschied** zu verfassen. Sie vertraten den Standpunkt, dass eine reichsrechtlich bestätigte Sache, wie der Beschluss von 1526, nicht einfach durch eine Mehrheit wieder aufgehoben werden konnte, und "... in den Sachen Gottes Ehre und unser Seelen Heil und Seligkeit belangend ein jeglicher für sich selbst vor Gott stehen und Rechenschaft geben muss."

Diese "Protestation", die Reformationsanhängern bis heute die Bezeichnung "Protestanten" eingetragen hat, unterzeichneten fünf Fürsten und vierzehn Vertreter oberdeutscher Reichsstädte. Noch in Speyer, am Tage des Reichstagsabschieds, hatten geheime Verhandlungen zwischen Kursachsen, Hessen, Nürnberg, Ulm und Straßburg stattgefunden, um ein Verteidigungsbündnis der Evangelischen zu schmieden.

Romanischer Dom von Osten

Marburg

Philipp der Großmütige veranlasste als Anhänger Martin Luthers die Einführung der Reformation in Marburg und gründete 1527 die erste protestantische Universität. Mit elf Professoren und 88 Studenten begann die Lehrtätigkeit in den ungenutzten Klostergebäuden des Dominikanerklosters. Vom 1. bis 4. Oktober 1529 fanden auf Anregung des Landgrafen Philipp von Hessen die "Marburger Religionsgespräche" statt. Philipp wollte im Streit zwischen Luther und Zwingli, besonders in der Frage des Abendmahls, vermitteln und eine Spaltung der protestantischen Bewegung verhindern.

Die Religionsgespräche sollten gleichzeitig die Grundlage für ein Bündnis zwischen den Reichsständen und damit für ein protestantisches Europa schaffen. Luther lagen aber politische Ziele fern. Trotz gegenteiliger Erfahrungen war der Kaiser für ihn immer noch anerkannte Obrigkeit, und ein Vorgehen gegen ihn lehnte er ab. An den Gesprächen auf dem Marburger Schloss nahmen neben den führenden theologischen Vertretern Luther, Melanchthon, Zwingli und Oekolampad auch der Landgraf Philipp von Hessen und der Herzog Ulrich von Württemberg teil. Hauptstreitpunkt war die Interpretation des Satzes "Das ist mein Leib." Luther wollte den Satz wörtlich verstanden wissen: Christi Leib und Blut sei in Brot und Wein wirklich gegenwärtig. Zwingli meinte, es handle sich nur um einen symbolischen Gedächtnisritus, die Gottheit dürfe nicht in das irdische Leben hineingezogen werden.

Luther – mit seinem Sinn für symbolische Handlungen – schrieb zum Beginn des öffentlichen Disputs diesen berühmten Satz mit Kreide auf den Tisch, verdeckte ihn sogleich mit einem Tuch, um es dann am Höhepunkt der Diskussion fortzunehmen, auf den Satz zu zeigen und zu rufen: "Das Wort, das Wort, da steht es, es ist nicht daran zu deuteln!". Trotzdem kamen sich die beiden Parteien nahe und man einigte sich in vierzehn von fünfzehn Streitpunkten. Nur in der Frage der Präsenz Christi beim Abendmahl blieben die Fronten verhärtet.

Mehrere Entwürfe für ein Abschlussdokument fanden nicht die allgemeine Zustimmung. Erst als Luther am 4. Oktober 1529 die fünfzehn "Marburger Artikel" vorlegte, waren auch die Schweizer bereit, mit einigen Ergänzungen ihre Unterschrift unter das

106

Schloss und Schlosskapelle
35037 Marburg, Schloss 1
Museum für Kunst und Kulturgeschichte im Marburger Schloss • *ÖZ:* April bis Okt. Di-So 10-18 Uhr, Nov. bis März Di-So 10-16 Uhr • *Führung* April bis Okt. So 15 Uhr im Schlossvorhof sowie nach Anmeldung unter Marburg Tourismus Marketing, Tel.: 06421-99 12 0
*www.*uni-marburg.de/uni-museum

Schriftstück zu setzen. Jede Partei fühlte sich als Sieger. Die Spaltung der Protestanten aber war eine Tatsache geworden und der Gegensatz zwischen Luther und Zwingli nicht mehr aus der Welt zu räumen.

Zwischen 1122 und 1138 begannen die Landgrafen von Thüringen auf dem Schlossberg eine Burg zu errichten, aus der im Laufe der Zeit, vor allem im 13. Jahrhundert, das heutige Schloss hervorging. Die zweistöckige **Schlosskapelle**, ein Zentralbau in der Tradition romanischer Burgkapellen, wurde 1288 der heiligen Katharina und dem heiligen Georg geweiht. Sie bildet ein regelmäßig gestrecktes Achteck, das von einem Kreuzrippengewölbe überspannt wird. Zu den Besonderheiten des kleinen Kirchenraums zählen die wiederhergestellte vollständige Ausmalung und ein Fußbodenmosaik aus farbig glasierten Tonplättchen aus der Zeit um 1300. In der Westapsis ist eine sechs Meter hohe Christophorusdarstellung des späten 13. Jahrhunderts zu bewundern, die auch Martin Luther bei seinen Predigten im Blick hatte.

Den Mittelpunkt des **Marburger Schlosses** bildet zweifelsohne der repräsentative Saalbau. Um 1320

107

Schloss Marburg von Süden

vollendet, stand er ursprünglich frei und kam auf diese Weise mit seinen Ecktürmchen wunderbar zur Geltung. Der 33 Meter lange und 14 Meter breite Raum ist in seinem ursprünglichen Zustand erhalten. Er zählt zu den größten und bedeutendsten Profanbauten der deutschen Gotik. Einziger Schmuck des Saals sind die Gewölbeschlusssteine mit Blattdekor. Alle anderen Einbauten stammen aus der Zeit nach Luther. Die Teilnehmer des Religionsgesprächs haben wahrscheinlich in diesem Saal getagt. Anderen Quellen zufolge soll die Zusammenkunft im Landgrafenzimmer, im Südflügel, stattgefunden haben. Heute erinnert hier eine Ausstellung an jenes denkwürdige Ereignis der Reformationszeit.

Gemeinsam mit Justus Jonas und Caspar Cruciger war Martin Luther Ende September 1529 im *Gasthof "Zum Bären"* abgestiegen, worauf heute eine Inschrifttafel verweist. Im 16. Jahrhundert wurde das Gebäude erheblich umgebaut. So entstanden die Zwerchhäuser und Teile der Fassade neu.

Personenverzeichnis

Aleander, Hieronymus (eigentl. Girolamo Aleandro), * 13.2.1480 Motta di Lavenza, † 31.1.1532 Rom. Humanist, seit 1508 in Frankreich, 1513 Rektor der Uni Paris, von 1519 päpstl. Bibliothekar und Archivar, 1521 Nuntius in Worms, 1524 Erzbischof von Brindisi, 1531-32 Legat in Deutschland, 1538 Kardinal.

Amsdorf, Nikolaus von, * 3.12.1483 Torgau, † 14.5.1565 Eisenach. Aus altem thüringischen Adel, Neffe des von Staupitz, Studium in Leipzig u. Wittenberg, wo er seit 1508 Stiftsherr war; einer der frühesten Anhänger Luthers, begleitete ihn 1519 nach Leipzig und 1521 nach Worms; 1524 erster evangelischer Superintendent in Magdeburg; ordnete das evang. Kirchenwesen 1528 in Goslar, 1534 in Einbeck, 1539 in Meißen; 1542 von Luther als erster evang. Bischof von Naumburg eingeführt.

Brück, Gregor, * 1483 Brück b. Belzig, † 15.2.1557 Jena. Doktor beider Rechte, seit 1515 als Advokat an verschiedenen Fürstenhöfen, 1519 Ratsherr in Wittenberg u. "tägl. Hofrat" bei Friedrich dem Weisen; 1520-1529 Kanzler d. Kurfürsten; großer Anteil an der Protestation v. Speyer u. Augsburger Bekenntnis, zog 1547 nach Jena, wirkte mit bei Universitätsgründung, unterstützte Luther u. d. Bildung der lutherischen Landeskirche.

Bugenhagen, Johannes, * 24.6.1485 Wollin, † 20.4.1558 Wittenberg. 1501 Studium in Greifswald, 1509 Priesterweihe, 1521 Studium in Wittenberg, dort 1523 Stadtpfarrer u. Beichtvater Luthers; Mitarbeit an der Bibelübersetzung; 1533 Doktor der Theologie, 1536 Professor; hatte großen Einfluss auf die Entwicklung nord- und mitteldeutscher Kirchenordnungen.

Cajetan, Jacob (Jacopo Gaetano; Thomas de Vio), * 20.2.1469 Gaeta, † 9.8.1534 Rom. 1484 Dominikaner, 1500-1518 Generalprokurator u. Generalmagister der Dominikaner, 1517 Kardinal, 1518 Legat in Augsburg, wo er Luther "väterlich verhörte"; 1519 Bischof von Gaeta, Vorkämpfer der Unfehlbarkeit des Papsttums.

Cranach d. Ä., Lucas (Lukas Müller), * 1472 Kronach, † 16.10.1553 Weimar. Maler und Grafiker, 1504 Hofmaler Friedrich des Weisen in Wittenberg, Ratsherr und Bürgermeister, Hauptmeister der Reformationszeit, unterhielt in Wittenberg eine Maler- u. Druckerwerkstatt; schuf zahlreiche Illustrationen von Druckschriften der Reformatoren und Portraits der Kurfürsten, Luthers u. dessen Familie.

Cruciger, Caspar, * 1.1.1504 Leipzig, † 16.11.1548 Wittenberg. Studierte in Leipzig Theologie u. nahm 1519 an der Leipziger Disputation teil; zog 1521 nach Wittenberg, 1525 Rektor und Prediger in Magdeburg, 1528 Professor u. Prediger in Wittenberg, führte 1539 Reformation in Leipzig ein.

Dürer, Albrecht, * 21.5.1471 Nürnberg, † 6.4.1528 Nürnberg. Maler, Grafiker, Kunstschriftsteller, bedeutendster Künstler zwischen Spätgotik und Renaissance, der "Dürerzeit". Seit 1495 eigene Werkstatt in Nürnberg, die er mit kaufmännischem Geschick führte, unterstützte Luthers Wirken.

Eck, Johann (eigentl. Maier), * 13.11.1484 Egg, † 10.2.1543 Ingolstadt. Professor der Theologie, lehrte in Ingolstadt; Gegner Luthers; 1519 Leipziger Disputation mit Karlstadt und Luther; übersetzte Bibel in alemannischem Dialekt, erwirkte in Rom Bannandrohungsbulle "Exurge Domine" gegen Luther.

Fugger, Jakob II. (der Reiche), * 6.3.1459 Augsburg, † 30.12.1525 Augsburg. Monopol im Kupferbergbau in Europa, besaß zahlreiche Silber- und Bleibergwerke, diverse Handelsgeschäfte; Bankier der Päpste und der Habsburger, finanzierte Kaiserwahl Karls V.; baute erste "Sozialsiedlung" für mittellose Bürger, die "Fuggerei".

Johann der Beständige, Kurfürst von Sachsen, * 30.6.1468 Meißen, † 16.8.1532 Schweinitz. Bruder Friedrichs des Weisen; seit 1525 Kurfürst; überzeugter Lutheraner und anerkanntes Haupt der Protestanten; wandte sich auf Augsburger Reichstag (Augsburger Bekenntnis) gegen Karl V.; Mitbegründer des Schmalkaldischen Bundes; baute evangel. Landeskirche Kursachsens auf.

Johann Friedrich I. der Großmütige, Kurfürst von Sachsen, * 30.6.1503 Torgau, † 3.3.1554 Weimar. Sohn von Johann dem Beständigen, seit 1532 Kurfürst; mit Philipp I. Haupt des Schmalkald. Bundes; 1546 vom Kaiser geächtet, 1547 bei Mühlberg besiegt und gefangengenommen; zum Tode verurteilt, verzichtete er 1547 auf die Kurwürde zugunsten des Herzogs Moritz von Sachsen; bei der Erhebung von Moritz gegen Karl V. 1552 befreit.

Jonas, Justus (Jodocus Koch), * 5.6.1493 Nordhausen, † 9.10.1555 Eisfeld. Freund Luthers und Prof. der Rechte und der Theologie in Wittenberg; Übersetzer latein. Schriften Melanchthons und Luthers ins Deutsche, Teilnehmer am Marburger Religionsgespräch (1529) und Mitverfasser des Augsburger Bekenntnisses (1530); Schöpfer der Kirchenordnung in Zerbst 1538, 1541 Superintendent in Halle; war bei Luther in dessen Todesstunde.

Karl V., * 24.2.1500 Gent, † 21.9.1558 San Jerónimo de Yuste. Deutscher Kaiser 1519-56; Habsburger, Sohn Philipps des Schönen von Österr.; Begr. des span. Imperiums; kämpfte gegen die Reformation; 1547 besiegte er den Schmalkaldischen Bund bei Mühlberg, musste jedoch auf das Augsburger Interim von

1548 im Augsburger Religionsfrieden von 1555 verzichten.

Karlstadt, Andreas (eigtl. A. Bodenstein), * um 1480 Karlstadt, † 24.12.1541 Basel. Theologe der Reformationszeit; stand M. Luther zunächst nahe, trennte sich infolge von Meinungsverschiedenheiten über die Abendmahlslehre von ihm.

Miltitz, Karl von, * um 1490, † 20.11.1529 (ertrunken im Main). Sächsischer Edelmann, seit 1513 in päpstlichen Diensten; verhandelte mehrmals mit Luther; versuchte eigenmächtig, den Fall Luther einem Schiedsgericht unter Vorsitz eines deutschen Geistlichen zu übertragen, aber Friedrich der Weise forderte Luthers Verhör vor dem Wormser Reichstag.

Moritz von Sachsen, * 21.3.1521 Freiberg, † 11.7.1553 Sievershausen. Herzog von Sachsen, seit 1547 Kurfürst; trat, obwohl 1539 prot. geworden, dem Schmalkald. Bund nicht bei, sondern kämpfte auf seiten des Kaisers, der ihm die sächs. Kurwürde versprach, gegen seine Glaubensbrüder (»Judas von Meißen«); verbündete sich mit anderen norddt. Fürsten u. Frankreich gegen Kaiser Karl V. u. vertrieb ihn 1552 aus Deutschland.

Müntzer, Thomas, * um 1490 Stolberg/Harz, † 27.5.1525 bei Mühlhausen. Prediger u. Revolutionär, anfangs Anhänger Luthers; kam auf Luthers Empfehlung 1520 als Prediger nach Zwickau, forderte eine radikale Umgestaltung des kirchl. u. polit. Lebens; wurde zum geistl. Führer des Bauernkriegs in Thüringen; nach der vernichtenden Niederlage am 15.5.1525 bei Frankenhausen wurde er gefangengenommen u. enthauptet.

Philipp I., der Großmütige, * 13.11.1504 Marburg, † 31.3.1567 Kassel. Landgraf von Hessen 1509-67; Vorkämpfer der Reformation; 1527 Gründer der Uni Marburg und 1531 Mitgründer des Schmalkald. Bundes; im Schmalkald. Krieg 1546/47 führte Philipp zwar anfangs zus. mit Sachsen den Oberbefehl, unterwarf sich aber 1547 Kaiser Karl V., der ihn 5 Jahre lang gefangenhielt.

Spalatin, Georg (eigtl. G. Burckhardt), * 17.1.1484 Spalt bei Nürnberg, † 16.1.1545 Altenburg. Lutherischer Theologe, Beichtvater, Hofkaplan und Geheimsekretär Friedrichs des Weisen; nach dessen Tode 1525 Pfarrer und 1528 Superintendent in Altenburg; einflussreich bei der Einrichtung der kursächs. Landeskirche.

Staupitz, Johann von, * 1460/70, † 28.12.1524 Salzburg (?). 1502 von Friedrich dem Weisen als Dekan an die neugegründete Uni Wittenberg gerufen; 1503 Generalvikar der dt. Augustinerkongregation; weihte Luther 1507 zum Priester und holte ihn 1508 nach Wittenberg, Förderer Luthers, entband ihn 1518 vom mönchischen Gehorsam; seit 1512 weilte Staupitz meist in Süddeutschland, beeinflusste den Nürnberger Humanistenkreis.

Zwingli, Huldrych (Ulrich), * 1.1.1484 Wildhaus, † 11.10.1531 bei Kappel. Erster Reformator der Schweiz, baute 1522-25 die vom Staat geschützte Volkskirche auf; geriet mit Luther über die Abendmahlslehre in Streit; Zwingli betonte den Gedächtnischarakter und lehrte die symbolische Gegenwart Christi im Abendmahl; strebte nach einer Umgestaltung der Eidgenossenschaft unter Führung der protestantischen Stände; die fünf kath. Urkantone setzten sich gegen die gewaltsame Einführung der Reformation zur Wehr; Zwingli fiel in der Schlacht bei Kappel, die Sieger verbrannten seinen Leichnam.

Titelbild: Lutherdenkmal in Wittenberg
Foto S. 2: Lucas Cranach d. Ä. „Luther im Alter" um 1541,
Lutherhaus Wittenberg

Bibliografische Information Der Deutschen Nationalbibliothek
Die Deutsche Nationalbibliothek verzeichnet diese Publikation in der
Deutschen Nationalbibliografie; detaillierte bibliografische Daten sind
im Internet über http://dnb.ddb.de abrufbar.

Es fotografierte Thorsten Schmidt
Archiv Wartburg-Stiftung Eisenach: S. 15, 61, 62/63, 65
Prof. Dieter Leistner Würzburg, © VG Bild-Kunst Bonn 2011: S. 87
Evang. Marktkirchengemeinde Halle/Saale: S.55
© Stadtkirche St. Peter und Paul Weimar: S.74
Alexander Schwarz - fotolia.com: S. 98

Lektorat: Marion Schmidt

Die Winde 45; 38855 Wernigerode
Tel.: (0 39 43) 2 32 46, Fax: (0 39 43) 4 50 10
E-mail: info@schmidt-buch-verlag.de
3., veränderte und aktualisierte Auflage August 2014, 11. - 15. Tsd.
Layout und Bildbearbeitung: Schmidt-Buch-Verlag, Wernigerode
Druck und Verarbeitung: Grafisches Centrum Cuno GmbH & Co. KG

Internet: www.schmidt-buch-verlag.de

ISBN 978-3-936185-88-1

www.schmidt-buch-verlag.de
Besuchen Sie uns im Internet oder
fragen Sie Ihren Buchhändler

Der Harzer Verlag
für Bücher und Kartografie

UNESCO-Welterbestadt
Weimar
Der Stadtführer

Ottostadt
Magdeburg
Der Stadtführer

Erfurt
Der Stadtführer

Lutherstadt
Wittenberg
Der Stadtführer

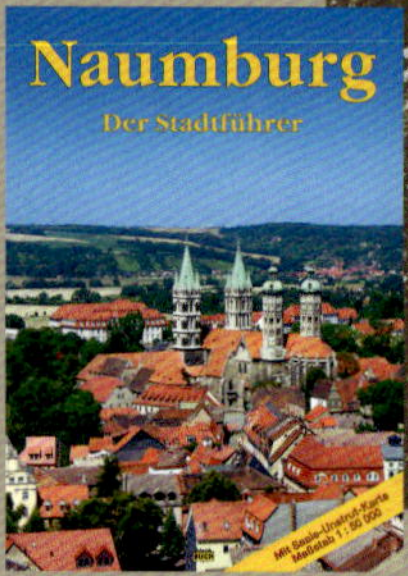

Naumburg
Der Stadtführer

**LUTHER - Travel Guide
english edition is available
in apple iBookstore:**

Martin Luthers Thesenanschlag gegen den Missbrauch des Ablasses jährt sich 2017 zum 500. Mal. Zur Vorbereitung und Würdigung dieses für die Reformation bahnbrechenden geschichtlichen Ereignisses wurde die LUTHER-DEKADE ins Leben gerufen. Unter diesem organisatorischen Dach engagieren sich seit 31. Oktober 2008 unzählige Menschen auf verschiedenste Weise. Folgende Internet-Seiten bieten weitere aktuelle Informationen:

LUTHER
2017
500 JAHRE
REFORMATION

www.luther2017.de

www.martinluther.de
www.lutherweg.de
www.wege-zu-luther.de
www.luther-tour.eu

www.ekd.de/themen/luther2017.html

WEGE ZU
LUTHER